黄河三角洲
高效生态经济区发展报告
2019

魏 建 侯麟科◎主编

GUANGXI NORMAL UNIVERSITY PRESS
广西师范大学出版社
·桂林·

图书在版编目（CIP）数据

黄河三角洲高效生态经济区发展报告. 2019 / 魏建，侯麟科主编. —桂林：广西师范大学出版社，2020.8
　ISBN 978-7-5598-3041-8

Ⅰ. ①黄… Ⅱ. ①魏…②侯… Ⅲ. ①黄河－三角洲－生态经济－区域经济发展－研究报告－2019 Ⅳ.
①F127.52

中国版本图书馆 CIP 数据核字（2020）第 124150 号

广西师范大学出版社出版发行

（广西桂林市五里店路 9 号　邮政编码：541004）
　网址：http://www.bbtpress.com
出版人：黄轩庄
全国新华书店经销
桂林日报印刷厂印刷
（广西桂林市八桂路 1 号　邮政编码：541001）
开本：720 mm × 1 020 mm　1/16
印张：13　　　字数：160 千字
2020 年 8 月第 1 版　　2020 年 8 月第 1 次印刷
定价：58.00 元

课题组成员名单

负责人：

魏　建　山东大学山东发展研究院副院长、教授、博士生导师

侯麟科　山东大学山东发展研究院副教授、博士、博士生导师

编委会成员：

万俊斌　山东大学山东发展研究院讲师、博士、硕士生导师

段　昊　山东大学县域发展研究院讲师、博士、硕士生导师

吕玉霞　山东青年政治学院副教授、博士

王　瑞　山东财经大学讲师、博士

李少星　山东大学山东发展研究院副教授、博士、硕士生导师

任立英　山东大学经济研究院馆员

张　蕾　山东大学基建处高级工程师

蔡毅翔　天域生态环境股份有限公司金融风控中心研究员

董之宇　中国信达资产管理股份有限公司山东省分公司研究员

于　丛　山东大学经济研究院博士研究生

郭籽萌　山东大学管理学院博士研究生

孙锦萍　山东大学经济研究院博士研究生

陈昌健　山东大学经济研究院硕士研究生

序言

2018年，我国经济处在由高速增长转向高质量发展的阶段，正处在转变发展方式、优化经济结构、转换增长动力的攻关期，要全面建设现代化经济体系。这是跨越关口的迫切要求和我国发展的战略目标。要建设现代化经济体系，必须继续实施区域协调发展战略。

山东省把新旧动能转换作为践行新发展理念、深化供给侧结构性改革的重要抓手，作为统领全省经济发展的重大工程，积极创建国家新旧动能转换综合试验区。试验区战略的实施很好地解决了山东在国家战略中的定位问题。

2018年，黄河三角洲高效生态经济区紧扣供给侧结构性改革主线，加快产业振兴提升，鼓励创新创业，持续促进新旧动能转换，发展质量和效益稳步提高，经济实现平稳健康发展。2018年，区域经济总体实力显著增强——黄三角地区实现地区生产总值9 887.3亿元，站稳9 000亿元的平台；经济结构进一步优化——全区三次产业结构不断调整，第三产业的比重不断提高；新旧动能转换工程扎实推进——相关体制机制日益完善，"双招双引"成效显著，新技术、新产业、新业态、新模式发展势头良好；三大攻坚战成效显著；乡村振兴战略稳步推进；科技创新、基础设施建设以及民生社会事业发展都有新的突破。全区正朝着率先建成经济繁荣、环境优美、生活富裕的国家级高效生态经济区的目标奋力迈进。

2018 年以后，山东省将加快推进经济高质量发展和城镇化。如何将新旧动能转换与战略实施进行有机结合也是当前面临的一个重要挑战。这就需要相关部门加强研究，企业、政府通力合作，切实推进新形势下的战略实施。

由山东大学山东发展研究院编写的《黄河三角洲高效生态经济区发展报告》已经连续出版了多年，取得了良好的社会反响。面对新的发展形势，2019 年的发展报告围绕高质量发展这一山东发展的主题，继续采用"总报告＋专题报告"的写作形式，希望能对各地实践产生较好的指导作用。同时，希望科研机构与地方政府、企事业单位继续加强合作，更好地推动黄三角地区的发展。

山东大学山东发展研究院院长、理事长　韩寓群

前言

    2018 年是"十三五"规划顺利实施的关键一年。党的十九大确立了习近平新时代中国特色社会主义思想的历史地位，制定了决胜全面建成小康社会、夺取新时代中国特色社会主义伟大胜利的宏伟蓝图和行动纲领。黄三角地区认真落实习近平总书记考察山东时对山东提出的"扎实推动高质量发展、扎实实施乡村振兴战略、扎实做好保障和改善民生工作、扎实抓好干部队伍建设"的根本要求，2018 年实现地区生产总值 9 887.3 亿元，接近万亿元的历史关口。

    基于此，以魏建教授、侯麟科副教授为负责人的课题组，根据教育部区域发展报告专项课题要求，结合黄三角战略实施所处的阶段，在山东大学大力支持下编写了《黄河三角洲高效生态经济区建设年度发展报告（2019）》。全书以高质量发展和推进城镇化为主题，对黄河三角洲建设从总体上做出评估的同时，还对县域高质量发展、推进城镇化、上市公司发展、政府城投债、小额贷款公司等重点问题进行了研究，希望能对各级政府、企事业单位、社会大众等有所帮助。课题组成员包括段昊博士、万俊斌博士、李少星副教授、王瑞博士、任立英馆员、吕玉霞副教授、张蕾高级工程师，博士研究生于丛、郭籽萌、孙锦萍，硕士研究生董之宇、蔡毅翔、陈昌健。

　　本报告共分六章。各章节的具体分工为：第一章，魏建、王瑞；第二章，魏建、于丛；第三章，段昊、孙锦萍；第四章，郭籽萌、李少星、任立英；第五章，万俊斌、陈昌健；第六章，吕玉霞、侯麟科、蔡毅翔；第七章，吕玉霞、张蕾、侯麟科、董之宇。报告的总体思路、研究报告统稿、定稿工作由魏建完成；文字、图表的校对工作由孙锦萍完成。限于时间和精力，错漏之处在所难免，敬请各位读者不吝赐教。

山东大学山东发展研究院

"黄河三角洲高效生态经济区发展报告（2019）"课题组

2019 年 11 月 11 日

2

目录

第一章

黄河三角洲高效生态经济区总报告

魏建　王瑞*

2018 年，面对严峻的宏观经济形势及经济下行压力，黄三角地区经济运行总体平稳，民生和社会事业稳步发展。各地区聚焦高质量发展，深入实施新旧动能转换重大工程，经济结构向好的方向变化；强力推进"三大攻坚战"，妥善处置各类风险，精准脱贫成效显著，污染防治与生态建设取得新的成绩；统筹协调推进城乡建设，落实乡村振兴战略，"三农"工作呈现崭新面貌，城镇化质量得到提升，城市管理水平进一步提高。该地区在面临一系列挑战的同时，高质量发展全面起势。

第一节 经济运行

一、经济运行总体平稳

增速有所下滑，下行压力较大。2018 年黄三角地区实现地区生产总值 9 887.3 亿元，占全省的比重下滑至 12.9%；增速方面，初步估算低于 3%，经济下行压力较大。[1] 从区域内部各地区的增长数据来看，差异较为明显。

---

* 魏建，山东大学山东发展研究院副院长，教授、博士生导师；王瑞，山东财经大学讲师。
1 此处黄三角地区整体数据由课题组根据黄三角各地区数据计算所得，仅供参考。

作为主要地区的东营、滨州两市经济增速分别为 4.5%、1.5%，远低于全省及全国平均水平。其中，滨州市经济下滑极为明显，增速排名在全省末位（见图 1-1）。

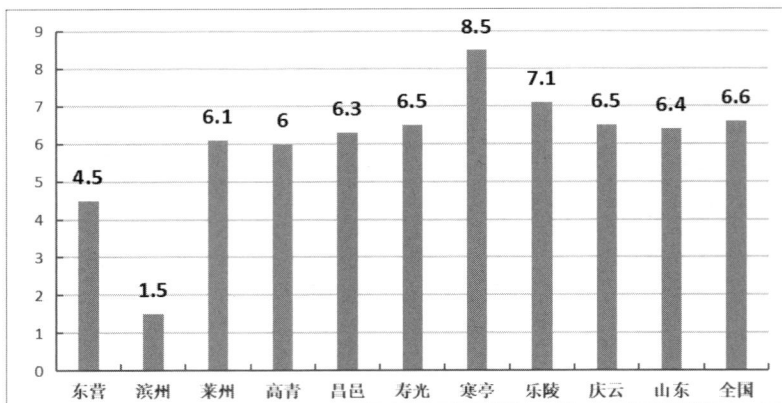

图 1-1　2018 年黄三角各地区及山东省、全国经济增速（%）对比图

数据来源：各地政府工作报告、统计公报等。

具体来看，2018 年东营市地区生产总值比 2017 年增长 4.5%。其中，第一产业增长 2.2%，第二产业增长 3.4%，第三产业增长 6.8%。滨州市实现地区生产总值 2 640.52 亿元，增长 1.5%，人均达到 67 405 元，按年均汇率折算为 10 186 美元，首次突破 1 万美元大关。相较而言，寿光、寒亭、乐陵、庆云等四个县、市、区经济运行总体平稳，与全省、全国增速持平或高于平均水平（见图 1-1）。

工业生产运行平稳。如图 1-2 所示，东营市规模以上工业增加值增长 3.8%。其中，轻工业下降 27.0%，重工业增长 4.0%。寿光市规模以上工业企业完成总产值 1 550.1 亿元，同比增长 18.0%，增加值同比增长 7.0%。其中，轻工业完成产值 387.0 亿元，同比增长 12.3%；重工业完成产值 1 163.1 亿元，同比增长 20.0%。乐陵市规模以上工业企业 196 家，实现增加值 35.13 亿元，同比增长 8.8%。滨州市工业生产面临较大压力，全年规模以上工业企业增加值下降 2.34%。

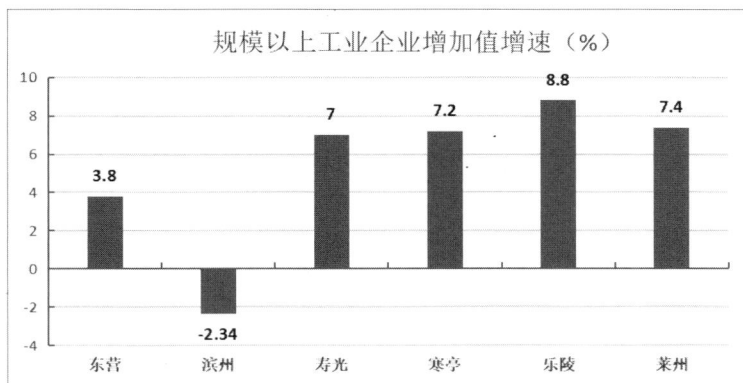

图 1-2 2018 年黄三角部分地区规模以上工业企业增加值增速

数据来源：各地政府工作报告、统计公报等。

地方财政收入稳定增长。2018 年，乐陵市完成地方财政一般预算收入 117 638 万元，同比增长 11.0%。昌邑市完成一般公共预算收入 31.71 亿元，同比增长 3%。寿光市完成一般公共预算收入 93.5 亿元，同比增长 3.5%。滨州市完成地方一般公共预算收入 240.54 亿元，同比增长 6.3%。东营市实现一般公共财政预算收入 244.59 亿元，同比增长 5.0%。[1]

表 1-1 2018 年末黄三角部分地区存贷款余额（亿元）

地区		东营	滨州	乐陵	寿光	昌邑
存款余额	2018 年末	3 721.44	2 875.12	243.61	966.0	432.2
	较年初	−100.97	+111.94	+23.73	+41	−1.1
贷款余额	2018 年末	3 553.14	2 615.63	151.39	734.2	262.4
	较年初	−116.12	+98.48	+8.14	+0.6	+10.1
贷款余额 / 存款余额		95.5%	91.0%	62.1%	76.0%	60.7%

数据来源：相关地区 2018 年统计公报。

金融市场运行稳定。如表 1-1 所示，黄三角各地区金融信贷健康稳定。滨州市年末全市金融机构本外币合计存款余额达 2 875.12 亿元，比年初增加 111.94 亿元，增长 4.05%；年末本外币合计贷款余额达 2 615.63 亿

1　数据来自相关地区统计公报。

元，比年初增加 98.48 亿元，增长 3.91%。乐陵市 2018 年末全市金融机构存款余额达 243.61 亿元，比年初增加 23.73 亿元；年末金融机构贷款余额达 151.39 亿元，比年初增加 8.14 亿元，其中中长期贷款余额达 63.12 亿元，较年初增加 8.84 亿元。寿光市 2018 年年末本外币各项存款余额达 966.0 亿元，比年初增加 41.0 亿元；本外币各项贷款余额达 734.2 亿元，比年初增加 0.6 亿元。东营市本外币存贷款余额均有所下降，但普惠金融发展较好，年末全市普惠金融领域贷款余额达 190.1 亿元，全年新增 20.2 亿元，同比增长 11.9%。

二、经济结构稳步调整

总需求相对稳定，结构变动明显（见图 1-3）。消费持续增长，农村市场活力强劲。东营市 2018 年实现社会消费品零售总额 867.01 亿元，同比增长 8.5%；限额以上市场零售额为 196.54 亿元，同比增长 6.8%，其中，乡村消费品零售额为 163.08 亿元，同比增长 9.1%。滨州市全年社会消费品零售总额实现 993.69 亿元，同比增长 6.7%，同比回落 2.2 个百分点，其中，农村市场为 288.43 亿元，同比增长 6.8%，农村市场增速快于城镇市场 0.2 个百分点。乐陵市完成社会消费品零售总额 135 亿元，同比增长 10.2%。庆云县社会消费品零售总额同比增长 9.5%，均高于经济增速。[1]

固定资产投资下降明显。东营市全年固定资产投资同比下降 10.0%。其中，第一产业同比下降 25.5%，第二产业同比下降 8.8%，第三产业同比下降 10.3%。滨州市 2018 年固定资产投资同比下降 16.8%。按产业看，第一产业完成投资同比增长 6.1%；第二产业完成投资同比下降 22.5%，其中工业技术改造完成投资同比下降 34.2%，占工业投资比重为 52.9%；第三产业完成投资下降 10.7%。

1　数据来自相关地区政府工作报告、统计公报。

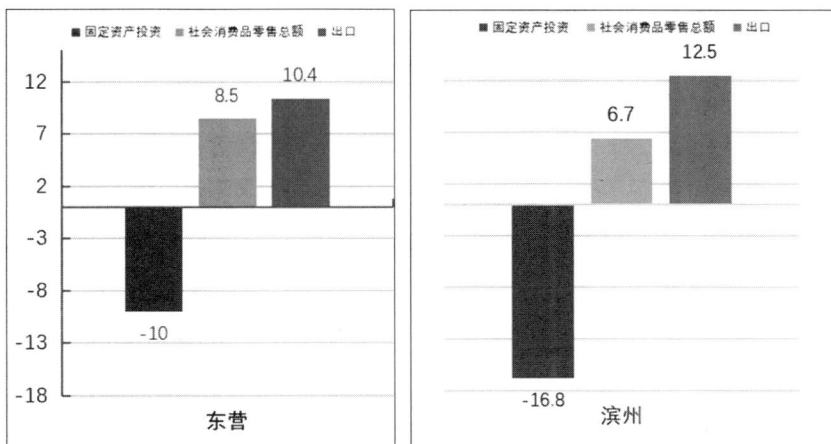

图 1-3　2018 年东营、滨州两市投资、消费、出口增速（%）

数据来源：东营、滨州 2018 年统计公报。

对外贸易增长较快。东营市完成进出口总额 1 627.94 亿元，同比增长 20.2%。其中出口 368.98 亿元，同比增长 10.4%；进口 1 258.97 亿元，同比增长 23.5%。滨州市全年实现进出口 818.4 亿元，同比增长 21.9%，总额和增幅分列全省第 9 位和第 3 位。其中，出口 303.9 亿元，同比增长 12.5%；进口 514.5 亿元，同比增长 28.2%。

三次产业结构不断调整，第三产业的比重不断提高。如图 1-4 所示，2018 年东营市三次产业比例为 3.5∶62.2∶34.3。滨州市三次产业比例由 2017 年的 9.1∶46.8∶44.1 调整为 8.8∶44.9∶46.3，第三产业增加值占地区生产总值的比重较 2017 年提高 2.0 个百分点，三产占比首次超过二产，成为拉动全市经济增长的首要力量。莱州市抓牢重点产业，助推新旧动能转换，新兴产业产值增长 17.4%，三次产业比例调整为 9.6∶49.5∶40.9。乐陵市三次产业比例由 2017 年的 16.5∶44.5∶39.0 调整为 15.1∶45.8∶39.1，第三产业占地区生产总值比重提高了 0.1 个百分点，产业结构逐步优化。庆云县全年地区生产总值同比增长 6.5%，三次产业比例调整为 8.5∶45.5∶46。昌邑市第三产业增加值达 194.85 亿元，同比增长 6.1%，三次产业比例为 10.2∶48.4∶41.4。

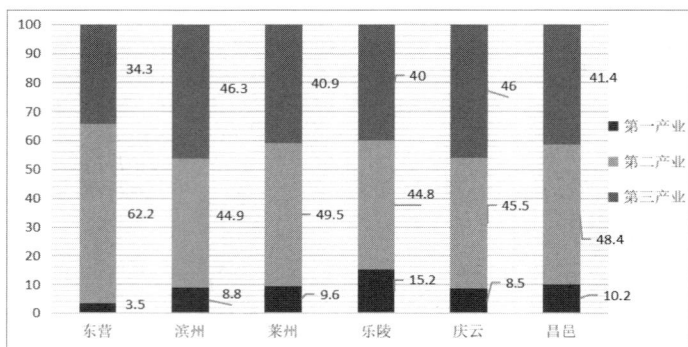

图1-4　2018年黄三角部分地区三次产业结构（%）

数据来源：各地政府工作报告、统计公报等。

三、新旧动能转换工程扎实推进

"双招双引"成效显著。东营市紧紧盯住世界500强企业、国际国内综合实力突出的旗舰型企业、细分领域的隐形冠军企业、高科技领域的独角兽企业，开展敲门式招商，引进一批建链、延链、补链、强链项目。2018年全市走出去招商4 497批、1.64万人次，请进来接待客商5 633批、2.57万人次，全年签约项目168个、签约金额2 433亿元、在建项目278个。东营市不断加快招才引智步伐，积极对接高校院所，举办了10场产业人才对接活动，邀请了523名海内外专家来东营市对接洽谈，签约64个合作项目；组团赴国外开展5批次引才活动，达成合作意向14个，设立海外引才工作站4家，成功签约引进8名海外专家；实施"大学生百千万聚才计划"，举办"东营学子家乡行""名校名企直通车"人才招聘活动，吸引1.3万余名大学毕业生到东营市就业创业。[1]滨州市新引进世界500强企业7家，实际利用外资12.5亿元，境外投资10亿元；实现进出口总额818.4亿元，同比增长21.9%；引进培养省级以上高层次人才121人，同比

1　开展"双招双引"竞赛比武　东营"三年行动"锁定强链项目 _【快资讯】，http://www.360kuai.com/pc/902373076d52ff13a?cota=4&kuai_so=1&tj_url=so_rec&sign=360_57c3bbd1&refer_scene=so_1。

增长 20.7%；入选国家"万人计划"1人、"泰山产业领军人才"4人、"齐鲁系列人才"14人；整合人才资源成立农业科技创新团队25支，国家小麦、玉米、大豆产业技术创新中心同时落户滨州。庆云县坚持新发展理念，全面融入京津冀协同发展，成立了"10+2"产业招商小组，选派25名干部赴京津驻点招商、挂职招商，成功举办"京鲁（德州·庆云）高端产业对接大会""山东庆云（天津）新旧动能转换产业对接合作恳谈会"等系列活动，在北京设立了企业总部基地及人才工作对接基地，启动京津冀产业园二期建设，全年新引进睿志精密机械等重点项目21个、轻资产项目266个。

重点项目加快推进。寒亭区2个项目入选省新旧动能转换项目库优选项目，可森智能家居等30个优质项目建成投产，在潍坊市重点项目观摩中成绩蝉联四区第一。东营市实施和储备优选项目144个，其中18个被列入省重点项目和省优选项目。滨州市储备项目550个，开工项目263个，总投资1 658.6亿元。乐陵市实行项目部指挥长负责制，全年87个重点项目快速推进，年度完成投资105亿元；齐鲁制药一期、民生职业教育园区一期等项目竣工达效；泰山冰雪运动装备及冰雪俱乐部项目入选省重点项目，4个项目入选省新旧动能转换重大工程项目，11个项目入选德州市级重点项目；对上争取资金20.1亿元。寿光市集中签约过亿元项目26个，有7个项目入选省级重点项目及新旧动能转换优选项目，有10个项目进入海洋强省项目库，有11个项目入选潍坊市新旧动能转换优选项目，在潍坊市重点项目现场观摩点评中取得第一名的好成绩。

深化改革释放新动能。滨州市市级机构改革基本完成，国有企业混改加快推进，获评"全国公立医院综合改革真抓实干成效明显市"；出台了《关于促进土地节约集约和依法高效利用的意见》，推行"标准地"供应，挖潜盘活土地1.67万亩；在全省第一个成立了市级营商环境监督局，出台了《滨州市优化营商环境办法》，成功入选"中国企业营商环境（地级市案例）十佳城市"；建成启用新市级政务服务中心，精心打造"1+10"政务服务模式，市级行政审批事项由 485 项减至 294 项，精减 39%，审批时间压缩了 36%。东营市加大"放管服"改革力度，市级公布"一次办好"事项 1 460 项，完成"3545"改革任务；商事制度改革受到国务院通报表扬，新注册市场主体 3.7 万户；完成规模企业公司制改制 140 家，新增挂牌企业 37 家；深化国企国资改革，实现市属经营性国有资产统一监管。寒亭区深入推进"一次办好"改革，开展优化营商环境"十大专项行动"，编制发布"一次办好"事项 798 项，组建行政审批服务局，实现"一枚印章管审批"，证照办理时限缩短到 3 个工作日，新增市场主体 5 823 户，降低企业成本 4 亿元。

第二节 高质量发展

一、微观主体活力增强

市场主体繁荣发展，民营经济快速发展。2018 年，滨州市期末实有市场主体达 30.12 万户，同比增长 16.6%（见图 1-5），增幅居全省第 4 位。其中，民营经济市场主体达 29.67 万户，同比增长 16.92%，增幅居全省第 4 位；各类企业达 8.41 万户，同比增长 17.5%，增幅居全省第 10 位。全市期末实有注册资本（金）8 041.78 亿元，同比增长 15.01%。其中，民营经济注册资本（金）达 6 160.84 亿元，同比增长 19.17%。东营市年末实有各类市场主体 19.65 万户，同比增长 14.1%（见图 1-5）；注册资本（金）达 6 212.15 亿元，增长 17.1%。昌邑市民营经济单位达 5.56 万户，同比增长 17.8%；从业人员达到 22.58 万人，同比增长 9.6%；注册资本达 378.17 亿元，同比增长 23%；纳税额达 21.07 亿元，同比增长 15%。[1]

1　数据来自相关地区 2018 年统计公报。

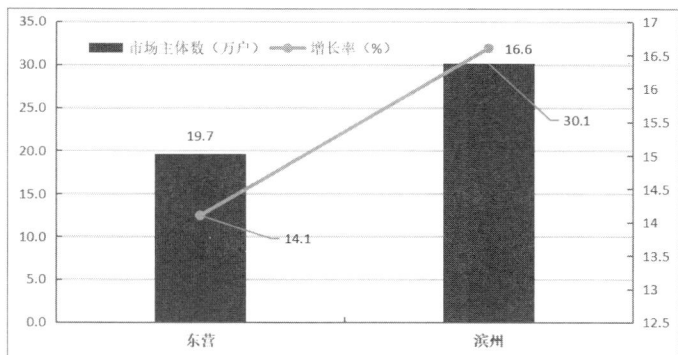

图 1-5 2018 年东营市、滨州市市场主体户数及增长率

数据来源：东营滨州两市 2018 年统计公报。

工业企业效益增强。乐陵市规模以上工业产品销售率达 95.67%，实现产品销售收入 135.47 亿元，同比增长 110.5%；实现利润 14.67 亿元，同比增长 210%；实现利税 17.3 亿元，同比增长 78.7%。乐陵市销售收入过亿元的企业有 20 家，销售收入过 10 亿元的企业有 3 家，销售收入过 30 亿元的企业有 1 家；过亿元企业销售收入合计 126.4 亿元，占规模以上工业企业的 87.6%。昌邑市规模以上工业企业主营业务收入、利税、利润分别同比增长 6.3%、74.2% 和 9.9%。寿光市规模以上工业实现主营业务收入达 1 574.9 亿元，同比增长 15.6%；实现利润 79.1 亿元，同比增长 24.0%；实现利税 134.0 亿元，同比增长 30.7%。寿光市主营业务收入利润率为 5.0%，同比提高 0.3 个百分点。全市 349 家规模以上工业企业户均主营业务收入达 4.5 亿元，同比增加 0.6 亿元。寿光市年主营业务收入过亿元的企业有 140 家，其中，过 10 亿元的企业有 27 家，过 50 亿元的企业有 6 家，过 100 亿元的企业有 2 家，过 300 亿元的企业有 1 家。

二、科技创新支撑能力增强

创新平台载体建设取得新进展。滨州市新增省级工程技术研究中心 9 家，总数达到 34 家；新批准组建市级重点实验室 3 家、工程技术研究中心 13 家，总数分别达到 40 家、95 家；新增创新型产业集群试点 3 个，总数达到 8 个；新增省级科技企业孵化器 1 家、省级众创空间 7 家，总数分别达到 2 家、14 家；新备案建设院士工作站 7 家，总数达到 16 家；新增科技部"星创天地" 2 家、省"农科驿站" 24 家，总数分别发展到 8 家、30 家；新增省级农业科技园 2 家，总数达到 9 家；组建首批全市农业科技创新团队 25 个、独立科研机构 10 家；独立科研机构从事科技活动人员达167 人，其中高级工程师 51 人。东营市新增国家级"星创天地" 1 家、院士工作站 4 家、省级工程技术研究中心 5 家、省级科技企业孵化器 8 家、省级众创空间 14 家、省级农业科技园 1 家、省级"农科驿站" 7 家、市级重点实验室 27 家；建成省级重点实验室 5 家、市级重点实验室 73 家、院士工作站 17 家、省级以上工程技术研究中心 41 家，其中国家级工程技术研究中心 1 家；建成国家级"星创天地" 4 家、省级农业科技园 5 家、省级"农科驿站" 12 家、省级以上科技企业孵化器 15 家、省级众创空间 28 家，其中，国家级科技企业孵化器 5 家、众创空间 2 家。

企业创新能力增强。乐陵市有 8 家企业入选国家科技型中小企业库，2 家企业新增入选德州市"启航计划"，全市"启航企业"达到 9 家；有 3 家企业被认定为省级高新技术企业，有 4 家企业被认定为德州市高新技术企业；全市授权发明专利 25 件、实用新型 186 件、外观设计 161 件，分别列德州市第三、第三、第一位；泰山集团的高端复合材料碳纤维自行车设计开发及应用技术获得省科技进步三等奖。东营市有 155 家科技型中小企业获科技部备案，有 292 家企业通过省级科技型中小微企业备案，有 79 家企业通过高新技术企业专家评审。

高新技术产业比重不断提高。如图 1-6 所示，滨州市高新技术产业产值占规模以上工业企业产值比重为 29.71%，比年初增长 2.4 个百分点；高新技术企业总数达到 124 家。寿光市高新技术产业产值同比增长 13.4%，占规模以上工业企业总产值的比重为 52.4%。昌邑市规模以上高新技术产业企业产值占规模以上工业企业总产值的比重达 22.73%，提高 1.4 个百分点。乐陵市高新技术产业实现产值 34.76 亿元，同比增长 9.5%；高新技术产业产值占规模以上工业总产值的比重达到 37.51%，同比提高 4.34 个百分点。

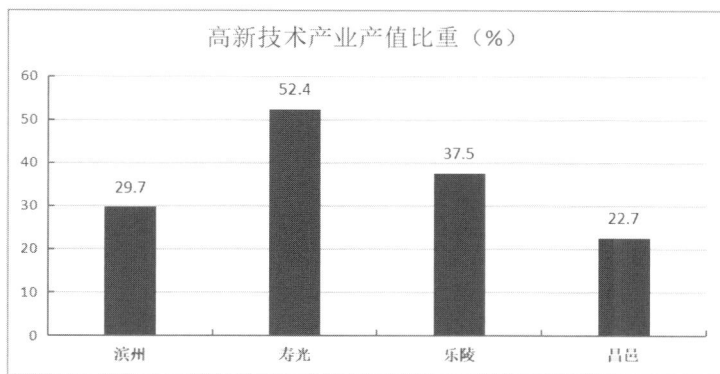

图 1-6　2018 年黄三角部分地区高新技术产业产值占规模以上
工业企业总产值的比重

数据来源：相关地区 2018 年统计公报。

三、营商环境持续改善

滨州市在全省率先出台了优化营商环境办法（试行），不断向全省便民化、市场化、法治化一流营商环境建设示范区的目标迈进。2018 年 7 月，在第十五届中国企业发展论坛营商环境峰会上，滨州市成功入选"2018 中国企业营商环境（地级市案例）十佳城市"。寒亭区深入推进"一次办好"改革，开展优化营商环境"十大专项行动"，编制发布"一次办好"事项 798 项，组建行政审批服务局，实现"一枚印章管审批"，证照办理时限缩短到 3 个工作日，新增市场主体 5 823 户，降低企业成本 4 亿元。2018 年度东营市营商环境评价得分为 90.54，居全省第 3 位，其中，垦利区 2018 年营商环境评价荣获全省第一。

四、县域引领高质量发展

中小城市是推动高质量发展的重要力量，是实现全面小康的战略支点。2019 年 10 月 8 日，《人民日报》发布了 2019 年中国中小城市高质量发展指数研究成果，黄三角部分县域城市上榜（见表 1-2）。其中，东营市的广饶县和潍坊市的昌邑市表现最佳，在综合实力、绿色发展、投资潜力以及科技创新等排行方面均进入百强，庆云县在绿色发展、投资潜力以及科技创新等领域表现较好，切实体现出黄三角地区西部桥头堡的引领作用。山东共入选综合实力千强镇 112 个，其中黄三角地区有 22 个，占全省的19.6%。

表 1-2　2019 年中国中小城市高质量发展指数排行榜黄三角上榜情况

指标	区、县、市	黄三角席位	山东席位
综合实力百强县	莱州，广饶，昌邑	3	13
绿色发展百强县	广饶，莱州，昌邑，庆云	4	14
投资潜力百强县	昌邑，广饶，庆云	3	10
科技创新百强县	广饶，莱州，昌邑，庆云	4	15
综合实力千强镇	寿光（2），昌邑（2），莱州（3），高青（2），东营（5），滨州（7），乐陵（1）	22	112

资料来源：根据 2019 年 10 月 8 日人民日报第 8 版整理。

第三节　三大攻坚战成效显著

一、防范化解各领域重大风险

稳定金融市场。东营市坚持政监银企联动，一企一策化解资金风险，依法打击恶意逃废金融债务、非法集资等行为，有效维护了金融秩序稳定；坚持防风险与促发展并重，支持引导银行机构优化信贷结构、扩大信贷投放。滨州市扎实开展"增信贷、降不良、打逃债、防风险"行动，本外币存贷款余额分别实现 2 875.1 亿元、2 615.6 亿元，分别比年初增长 4.1%、3.9%；成功举办第五届资本对接大会，签约资金 1 435.9 亿元，到位率72.6%；设立 30 亿元并购重组专项基金，齐星集团司法重整成为经验模式；处置不良贷款 151 亿元，打击逃废银行债务案件 231 起。昌邑市与潍坊银行、建设银行潍坊分行、潍坊农信联社达成 220 亿元合作协议，金控集团担保委托贷款 14.2 亿元；严控担保圈、担保链等领域金融风险，金融生态环境持续改善。莱州市强化金融风险防控，立案查处涉嫌非法集资机构 2 家，取缔涉嫌非法集资机构、传销窝点 6 处，查处逃废债企业 10 家。

在稳定金融市场的同时，防范化解其他领域的重大风险。东营市加强涉油储运等重点行业领域整治，建立危化品运输车辆全过程、一体化、闭环式监管体系，生产安全事故起数、死亡人数实现双下降。昌邑市 279 家企业建立双重预防体系，聘请高水平专家进行安全评估，试点建设智安化工园区，安全生产事故起数和死亡人数实现"双下降"。莱州市扎实开展安全生产"大快严"和"清底"行动，整改隐患 1.7 万处，完成"双体系"建设企业 2 175 家。本地区继续实行森林防火三级包保责任制，连续 4 年未发生森林火灾。[1]

二、扎实推进精准扶贫工作

滨州市帮助 7 381 名未脱贫人口稳定脱贫，不断提升 7.7 万名脱贫不脱政策人口生活质量；黄河滩区迁建安置工程全面开工；对口支援和扶贫协作扎实有效。东营市先后实施扶贫工作重点村提升工程，推进将扶贫工作重点村建成美丽乡村工作；围绕"两不愁、三保障"和产业扶贫项目全覆盖，落实 9 个关键指标，精准对接贫困户；深入开展"大走访、大调研"活动，扎实开展扶贫特惠保险，参保对象扩大到城乡低保和特困家庭，理赔范围扩大至门诊慢性病，有效降低了返贫和新致贫风险，在全省率先实现了"医疗机构减免、基本医保、大病保险、民政医疗救助和医疗商业补充保险"的全市"一站式"结算；不断深化"三位一体"大扶贫格局，加强专项扶贫、行业扶贫、社会扶贫力度；完善"两建一推六保障"长效机制，加快扶贫连片开发，推动扶贫开发与乡村振兴、乡村旅游等融合发展，累计完成扶贫连片开发项目 12 个；推动低保、医疗、教育、住房、助残、慈善救助扩面提档，抓好政策落实。[2]庆云县基本完成脱贫攻坚任务，其扶贫产业园区已投入运营，"三帮一"扶贫助学机制更加完善，为 530 名贫

1　相关资料见各地区政府工作报告。
2　【聚焦精准扶贫】东营市推进脱贫攻坚向高质量阶段迈进，http://dongying.dzwww.com/dyxw/201812/t20181226_16760716.htm。

困学生发放助学金 192 万元，完成危房改造 208 户，232 户 384 人未脱贫人口全部实现稳定脱贫，被评为"中国十佳幸福县市"。莱州市扎实开展脱贫攻坚，全面落实"两不愁三保障"政策，5 600 多名机关干部开展"多对一"帮扶，发放扶贫小额贷款、孝德基金 5 373 万元，开发扶贫公益专岗 1 750 个，在烟台率先实现贫困群众基层医疗机构住院全免费，群众对扶贫工作满意度达到 99.7%。

三、加强污染防治与生态建设

落实中央和省环保督察反馈问题整改。东营市加大生态环境污染整治力度，狠抓中央和省环保督察反馈问题整改，实施了一批水气土污染治理项目，省控以上河流稳定达到五类水质，环境空气质量综合指数改善率居全省第 1 位。滨州市建立"1+1+10"污染防治攻坚体系，扎实整改中央和省环保督察反馈问题，PM2.5、PM10 平均浓度分别降低 15.6%、10.9%，二氧化硫、二氧化氮平均浓度达到国家二级标准，环境空气质量综合指数改善幅度、重污染天数减少幅度均居全省第 3 位。

加强污染企业治理，减少污染物排放。东营市强化刑责治污，严格执法监管，严惩环境违法行为；开展打击非法调和销售成品油、违规销售柴油专项行动。昌邑市从严从实抓好中央、省环保督察及"回头看"反馈问题整改，深入开展成品油市场集中排查整治，分类整治"散乱污"企业500 多家。

河长制、湖长制全面铺开，强化水污染治理。滨州市全面推行河长制、湖长制，综合整治水环境问题，6 个国控河流断面稳定达标。寒亭区投资4 000 万元实施虞河治理，开展禹王湿地环境综合整治，完成大虞养殖场关闭搬迁，对 19 条河渠开展"清河行动"，河流水质全年均值达标。莱州市全面落实河长制，拆除莱州湾金仓国家湿地公园 227 宗非法围填海养殖项目，滨海湿地建设完工，南阳河、白沙河流域治理扎实推进。昌邑市全面推行河长制、湖长制，启动莱州湾湾长制，完成蒲河生态修复、胶莱河入海口西岸综合整治和省地下水超采区综合治理重点县项目，市控以上重点河流和饮用水水源地水质达标率达到 100%；水源地调整顺利通过省级评审验收。庆云县水环境质量持续改善，纯源污水处理厂建设加快推进，实施雨污分流工程 50.2 千米，3 条主要河流稳定达到 V 类标准，饮用水水源水质达标率实现 100%，河长制工作走在全省前列，两次在全省会议上做典型发言。

植树造林，绿化环境。寒亭区大力推进城乡绿化，实施造林 3 470 亩，3 个村庄被评为"山东省森林村居"，城区绿化覆盖率达到 44%，人居环境质量进一步改善。莱州市造林绿化 1.5 万亩，打造 80 千米的生态廊道。庆云县实施城乡大绿化行动，完成植树造林 2.2 万亩，新增城区绿化面积 40 万平方米，成功创建 2 个省级森林村居。滨州市连续十年开展"林水会战"，累计新增造林面积 184 万亩，森林覆盖率达到 29%。

第四节 民生与社会事业

一、居民收入进一步提高

近年来，黄三角地区居民收入逐年增加，居民生活明显改善。如表 1–3 所示，2018 年东营市城镇居民人均可支配收入达 47 912 元，同比增长 7.0%；农村居民人均可支配收入达 17 485 元，同比增长 7.6%。滨州市居民人均可支配收入达 26 371 元，同比增长 7.4%，其中，城镇居民人均可支配收入达 35 049 元，同比增长 6.5%，农村居民人均可支配收入达 16 061 元，同比增长 7.7%。乐陵市全年城乡居民可支配收入达 20 224 元，同比增长 9.0%，其中，城镇居民可支配收入达 26 659 元，同比增长 7.8%，农村居民人均可支配收入达 14 772 元，同比增长 9.3%。昌邑全市居民人均可支配收入达 27 234 元，同比增长 7.9%，其中，城镇居民人均可支配收入达 36 118 元，同比增长 7.2%，农村居民人均可支配收入达 18 934 元，同比增长 7.2%。寿光全市城乡居民人均可支配收入达 32 156 元，同比增加 2 376 元，同比增长 8.0%，其中，城镇居民人均可支配收入达 40 464 元，同比增加 2 858 元，同比增长 7.6%，农村居民人均可支配收入达 20 627 元，同比增加 1 378 元，同比增长 7.2%。

横向比较来看，东营市、寿光市的城乡居民收入要高于全省平均水平，昌邑市农村居民收入高于全省水平。从增速上来看，除乐陵市外，其他地区居民收入增速要低于全省水平，但收入增速均高于经济增速，财富分配进一步向居民倾斜（见图 1-7）。

表 1-3　2018 年黄三角部分地区城乡居民收入及增速

	东营	滨州	乐陵	昌邑	寿光	山东省
城镇居民人均可支配收入（元）	47 912	35 049	26 659	36 118	40 464	39 549
农村居民人均可支配收入（元）	17 485	16 061	14 772	18 934	20 627	16 297
城镇居民收入增速（％）	7.0	6.5	7.8	7.2	7.6	7.5
农村居民收入增速（％）	7.6	7.7	9.3	7.2	7.2	7.8

数据来源：相关地区 2018 年统计公报。

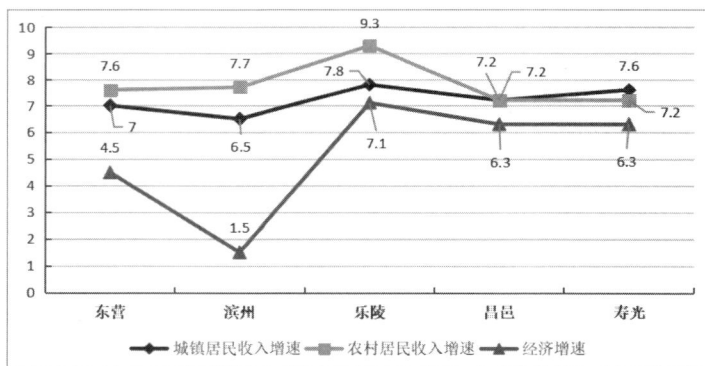

图 1-7　2018 年黄三角部分地区居民收入增速（％）
与经济增速（％）对比图

数据来源：相关地区 2018 年统计公报。

二、民生支出不断增加

在居民收入不断提高的同时，财政在民生领域的支出也在增加。滨州市 2018 年地方一般公共预算支出为 345.32 亿元，同比增长 4.6%，其中，民生支出为 271.23 亿元，占一般公共预算支出的比重为 79%。昌邑市全年完成民生支出 37 亿元，占一般公共预算支出的 82.7%，教育支出为 9.57 亿元，同比增长 0.2%；社会保障和就业支出为 5.88 亿元，同比增长 8.8%；医疗卫生与计划生育支出为 3.32 亿元，同比增长 9.5%。寿光市社会保障和就业支出为 15.1 亿元，同比增长 15.3%；医疗卫生与计划生育支出 6.1 亿元，同比增长 10.8%。莱州市全年民生支出达到 45.9 亿元，同比增长 10.1%。庆云县全面推进民生工程建设，全年民生支出达到 15.1 亿元，占公共财政预算支出的 78.8%。寿光市 2018 年财政用于民生领域的投入达到 81.7 亿元，占财政总支出的 82%。

三、就业形势总体稳定

就业乃民生之本。2018 年，东营市新增城镇就业 5.16 万人，同比增长 24.5%。城镇人口登记失业率 2.5%，低于 3.5% 的全年控制目标。滨州市实现城镇新增就业 41 514 人，完成年度目标任务的 116.9%。期末城镇登记失业人员实有人数为 14 502 人，城镇登记失业率控制在 2.62%，均低于目标范围。目前，滨州市累计创建省级创业示范平台 6 家、省级创业型街道 4 个、省级创业性社区 12 个。乐陵市落实就业创业扶持政策，力争全年发放创业担保贷款 1 500 万元，带动就业创业 2 500 人，新增就业 6 400 人。

民营经济吸纳就业人员增加。2018 年，昌邑市民营经济单位达 5.56 万户，同比增长 17.8%；从业人员达到 22.58 万人，同比增长 9.6%，其中，私营企业从业人员达 10.14 万人，同比增长 2.6%，个体工商户从业人员 10.59 万人，同比增长 17.9%。乐陵市私营企业从业人员达 49 782 人，农民专业合作社从业人员达 15 409 人，个体户从业人员达 112 120 人。[1]

四、公共服务事业持续改善

教育事业。2018 年，东营市新建改建幼儿园 26 所、中小学 37 所。滨

---

1 数据来自各地区统计公报。

州市完成解决大班额项目 59 个，新建、改扩建幼儿园 86 所，校园足球经验在全国推广。寒亭区启动教学质量、校园改造"双提升"工程，新改扩建中小学、幼儿园 36 处，新增学位 1.5 万个，小学延时服务做法在全省推广。莱州市投资 2.9 亿元，新建校舍 6 万平方米，新增普惠幼儿园 4 处，普通高考本科上线率稳步提升。乐陵市统筹考虑城乡发展、人口增长，合理布局中小学校和幼儿园，继续大力改善办学条件；启动开元中学扩建和阜昌中学建设，挺进小学年内招生，全市新增义务教育阶段学位 5 000 个；大力发展职业教育、学前教育；加快民生职业教育园区二期建设，增加高中阶段学位 2 000 个；推动公办幼儿园增加数量、提升质量，努力解决入园难入园贵问题；持之以恒推进教师县管校聘和绩效工资及校长职级制改革，增强教育内生动力。庆云县坚持教育优先发展，加快推进教育综合改革，探索推行集团化办学机制，学校建设及配套工程持续推进，改扩建 8 处公办幼儿园，教育教学条件进一步改善。

医疗卫生事业。东营市全民健康信息平台建成投用，组建医联体 19 家，家庭医生签约服务 72.5 万人。寒亭区全面完成基层医疗卫生机构标准化建设，医养结合智慧养老平台投入使用，稳步推进全省医养结合示范先行区、国家级慢性病综合防控示范区创建。莱州市新建省级医养结合示范单位 2 处、镇街医康养试点 4 处，组建家庭医生团队 280 个。庆云县加快建设"健康庆云"，医疗体制改革不断深化，医养结合稳步推进，中医院医养综合体项目进展迅速，新妇幼保健计生服务中心投入使用，新建 5 处乡镇卫生院门诊楼、2 处社区养老服务中心、9 处农村幸福院。寿光市中医院病房大楼投入使用，"健康寿光"大数据平台基本建成，"城投·陶然庭"医养项目投入运营。寿光市被确定为全省医养结合示范先行市、全省健康促进示范市。

养老保障与服务。东营市将城市低保标准提高到每人每月 600 元，农村低保标准提高到每人每年 4 800 元，基础养老金标准提高到每人每月 163 元。滨州退休人员基础养老金实现"十四连涨"，城乡低保人均补助标准分别提高到每月 360 元、235 元。寒亭区新建城市社区日间照料中心和农村幸福院 7 处，改造完成老旧小区 19 个。莱州市新建养老服务中心、社区日间照料中心、农村幸福院 43 处，新增养老床位 200 张。乐陵市建成社区日间照料中心 2 处和农村互助幸福院 7 处，朱集医养结合项目主体完工；城乡低保标准分别提高 11% 和 23%，居民基础养老金每人每月提高到 118 元。寿光市企业离退休人员待遇实现"十四连增"，城镇低保标准提高到每人每月 510 元，农村低保标准提高到每人每年 4 300 元。

文化事业日益繁荣。滨州市成功举办省第十届少数民族传统体育运动会，金牌和奖牌总数均居全省首位；市博物馆正式投用，市人防科普教育体验馆、市文化中心免费对外开放。寒亭区新建提升综合性文化服务中心 115 处，设立全国首家村级版权保护工作站；拍摄完成新中国成立 70 周年献礼片《铸匠》，杨家埠木版年画亮相山东全球推介活动，《寒亭年鉴（2017）》荣获全国地方志优秀成果一等奖，杨家埠旅游开发区被评为"山东省体育产业示范基地"。莱州市城市书房建成开放，组织群众文化活动 1.2 万场，荣获文化强省建设先进市"三连冠"。乐陵市创新实施"五有十个一"工程，在澳门成功举办乐陵农民画展；组织十九大精神文艺巡演、送电影下乡近 9 000 场；举办庆祝改革开放 40 周年暨乐陵撤县设市 30 周年系列活动，成功举办德州市第八届全民健身运动会，"诚信乐陵"建设成效明显。庆云县实现村级文化服务中心达标率 100%。寿光市举办首届乡村文化艺术节和全省乡村阅读推广示范活动，新打造 100 处基层公共文化服务示范点；农学思想与《齐民要术》研究会获批国家二级学会，52 集原创动画片《农圣贾思勰》在央视播出；被评为"中国农耕文化之乡"。

第五节 基础设施

一、港口设施支撑与建设

2018 年滨州市全社会水路港口吞吐量达 3 140 万吨，同比增长 14.6%；水路货物周转量达 41 297 万吨千米，同比增长 9.9%；滨州港口岸开放通关查验设施达到验收标准，完成吞吐量 3 140 万吨。东营港共完成货物吞吐量 5 825.22 万吨，同比增长 7.5%；疏港铁路、10 万吨级航道建设进展顺利。莱州港 LPG 专用码头纳入全省规划，华电港二期专用码头加快推进，朱旺港、三山岛渔港完成升级改造，全市港口吞吐量达到 2 880 万吨。潍坊港泊位达 45 个，其中万吨级以上泊位达 20 个，港口设计通过能力突破 4 000 万吨。2018 年，潍坊港完成货物吞吐量达 4 656.6 万吨，同比增长 11%（见表 1-4）。寿光市全年完成货物吞吐量 1 434 万吨，同比增长 12.6%，其中寿光港 1 030 万吨，羊口港 404 万吨；全市共有航运企业 23 家、船舶 49 条、67 万载重吨。

表 1-4　2018 年黄三角地区四大港口吞吐量及增速

港口	滨州港	东营港	莱州港	潍坊港
吞吐量（万吨）	3 140	5 825.2	2 880	4 656.6
增长（%）	14.6	7.5	——	11

数据来源：相关地区统计公报、政府工作报告。

2019 年 10 月 14 日，山东港口集团渤海湾港潍坊港区开通了"潍坊—青岛""潍坊—威海"两条省内集装箱航线。两条航线的开通是山东港口全面落实全省港口一体化改革发展的具体举措，有利于优化环渤海湾集装箱航线布局，有利于完善山东中西部地区进出口货物的物流运输通道，有利于加强同全国沿海地区以及日韩、东南亚地区的经济交流，为腹地客户打通了更灵活、更便捷、更经济的中转通道，预计每年可为潍坊港区带来 8 万标准箱增量。[1]

二、机场、铁路、公路等设施

京沪高铁二通道天津—东营—潍坊段预可研报告通过专家审查。东营港疏港铁路、10 万吨级航道建设进展顺利。胜利机场航班达到 20 个，通航城市达到 12 个，中国商飞 C919 大飞机成功转场东营试飞。油气管网、供电设施等加快建设。东营市公路货物运输量达 6 683 万吨，同比增长

---

[1] 山东港口整合红利不断释放 "潍坊－青岛""潍坊－威海"集装箱航线开通 _ 青岛频道 _ 凤凰网，http://qd.ifeng.com/a/20191016/7759302_0.shtml。

10.6%；公路货物运输周转量 1 441 650 万吨千米，同比增长 3.2%。胜利机场完成旅客吞吐量 69.15 万人，同比增长 30.1%。济青高铁邹平站正式启用，阳信汇宏新材料铁路专用线竣工验收，滨港铁路二期主体完工；滨州黄河大桥奠基开工。莱州市争取环渤海潍烟高铁线路走向、站场设置和大莱龙铁路扩能改造使莱州利益最大化。莱州通用机场挤进全省民用机场布局盘子。

三、能源、水利设施建设

莱州市投资 2.7 亿元，新建改造电力线路 343 千米；投资 3.6 亿元，新建王河橡胶坝，完成水库除险加固 25 座，改造自来水主管线 3 条，铺设中水管网 32 千米，新增节水灌溉面积 2.1 万亩。滨州市 2017—2018 年度冬春水利会战累计完成投资 16.1 亿元，动用土石方 4 600 万方，清淤治理河道 168.4 千米、骨干沟渠 838.4 千米，实施市级方田和田间渠系畅通工程 2.5 万亩，新增节水灌溉工程面积 30.7 万亩，农村饮水安全巩固提升人口 52.6 万人。寿光市实施了总投资 6.3 亿元的四大水利工程，全力推进了亚行贷款塌河治理和河道生态治理工程建设，到 2018 年底辖区内阳河、乌阳河、织女河、新织女河生态治理任务已全部完成，塌河治理任务已完成 60%，巨淀湖建设项目完成工程量的 20%，完成地表水综合利用北部水网灌溉二期工程，实施了 2018 年农田水利项目县工程，开工建设了高效节水及水肥一体化灌溉工程，发展高效节水灌溉面积 4.9 万亩。

第六节 城镇化与乡村振兴

一、乡村振兴战略稳步推进

规划先行，明晰战略推进路径。滨州市出台战略规划和"五大振兴"专项方案，顶层设计和推进路径更加清晰。2018 年 12 月 8 日，东营市印发了《东营市乡村振兴战略规划（2018—2022 年）》，圆满完成规划编制工作。寒亭区编制完成全区乡村振兴战略规划，大力实施"五个一"项目示范引领，固堤街道和叶家庄子等 4 个村入选全省"十百千示范创建工程"，以点带面推动乡村振兴战略整体推进。莱州市制定出台乡村振兴实施意见、战略规划和 5 个专项工作方案，明确乡村振兴的路线图、时间表。乐陵市乡村振兴战略规划基本完成，杨安镇发布全省首个镇级规划。寿光市编制完成乡村振兴战略五年规划和市域乡村建设规划，成立乡村振兴与县域经济研究中心，为战略实施提供智力支持。

现代农业快速发展。2018 年滨州市共有市级以上农业产业化龙头企业 383 家，其中国家级 7 家，省级 67 家，市级 312 家；新型经营主体蓬勃发展，农民专业合作社达到 7 713 个；优质农产品基地品牌建设持续推进，全市标准化生产基地面积达到 105 万亩，新认证无公害农产品、绿色食品、有机农产品和农产品地理标志 60 个，全年"三品一标"总数达到 480 个；粮食总产达 38.45 亿公斤，连续十七年丰产丰收，粮食产业"滨州模式"在全国得到推广。东营市有农业龙头企业 674 家、农民合作社 2 392 家、家庭农场 1 433 家，经营面积 50 亩以上的种植大户 4 850 户；积极引导各类新型农业生产经营主体有序流转土地，促进了土地适度规模化经营。寒亭区潍坊国家农业开放发展综合试验区获批设立，国家现代农业产业园成功挂牌，总投资 50 亿元的国际种子研发集聚区等项目加快建设；新增土地规模经营面积 5 万亩，认证"三品一标"农产品 4 个，成功创建为省级农产品质量安全区；新增省级农业产业化龙头企业、示范社 5 家，农民专业合作社、家庭农场分别发展到 973 家、315 家。乐陵市专业合作社、家庭农场等新型经营主体快速增长，规模化经营比例达 40%；承包土地经营权抵押贷款余额达 10.8 亿元；农高区顺利通过国家科技部验收；全市认证"三品一标"农产品 51 个，获批全省"农产品质量安全县"；启动金丝小枣产业振兴工程，荣获"中国金丝小枣名城"；发布的全国首个调味品指数被纳入国家部委数据库；"希森 6 号"创下马铃薯亩产 9.58 吨的高产世界纪录；69 个乡村电商服务站规范运营。

整治人居环境，建设美丽乡村。滨州市实施美丽乡村"十百千"工程，覆盖率居全省第 3 位；完成农村改厕 2.5 万户，实现应改尽改；完成清洁取暖改造 7.3 万户，圆满完成省定任务。东营新建改建"四好农村路"240
千米，农村无害化卫生厕所建设扎实推进，12 个黄河滩区村旧村台改造开
工建设，造林绿化 9.1 万亩；342.7 万亩耕地得到有效保护；入选全球首批
国际湿地城市，修复自然保护区湿地 1.1 万亩。寒亭区启动美丽乡村建设
行动，投入 3 600 万元提升城乡环卫一体化保洁水平，在全省社情民意调
查中，环卫一体化、移风易俗、村风民风综合成绩前进至第 20 名；新改建"四
好农村路"91 千米，完善 31 条乡道交通安全防护设施，完成 65 个村电网
升级改造，新建 6 处农村新型示范社区，惠及群众 1 万多人，集体经济"空
壳村"全面消除。乐陵市美丽乡村列入国家标准化综合改革试点，创建国
家级"一村一品"示范村镇 2 个、省级 3 个，获评全省城乡环卫一体化工
作先进市，获批国家畜禽养殖粪污资源化利用整建制推进县，在德州市率
先实现新能源公交村村通。

二、城镇化提升品质

新型城镇化加快推进，城镇化率较高。2018 年，昌邑市推进美丽宜居
村镇建设，完成小城镇建设投资 32 亿元，卜庄镇获评省"美丽宜居小镇"，
梨花水镇列入潍坊市"十佳特色小镇"，全市城镇化率达到 53.36%，同比
提高 1.8 个百分点。滨州市启动实施新型城镇化建设三年行动，无棣县获
批第三批省级新型城镇化综合试点，城镇常住人口达到 226.09 万人，常住
人口城镇化率达到 57.64%。乐陵市 2018 年末常住人口达 67.6 万人，其中
城镇人口为 34.97 万人，城镇化率达到 51.97%。东营市常住人口城镇化率
为 69.04%，同比提高 1.29 个百分点。此外，莱州、广饶以及昌邑均进入
2019 年度全国新型城镇化质量百强县（市）（详见人民日报 2019 年 10 月
8 日，第 8 版）。

城市管理水平不断提升。滨州市"六城同创"全面推进，顺利通过国
家卫生城市、国家园林城市复审，成功创建全国水生态文明城市。东营市
中心城建设改造湿地公园 3 个、街头游园和口袋公园 19 个，广利河森林
湿地公园向市民开放；开展城市精细化管理十大专项行动，拆违拆临成效
显著。寒亭区城市精细化管理水平不断提升，在潍坊市率先推行"路长制"，

体育公园建成投用，新建提升亚康游园等街头公园 11 处，拆除违建 48 万平方米，城市工作考核稳居潍坊四区第一。莱州市以全国文明城市、国家卫生城市、国家园林城市和省级"食安"城市"四城联创"为抓手，全面改善城区大环境；投资 2 亿元，同步实施 152 个老旧小区改造工程，数量占烟台 60% 以上，惠及居民 1.8 万户。庆云县"四城联创"完美收官，成功创建"中国绿色发展优秀城市""省级文明城市""省级园林城市"，顺利通过省级卫生城市暗访；全力打造城市品牌，获批"中法生态示范城市"。寿光市全面推广智慧城市和"海绵城市"建设，组织实施渤海路改造等 35 项市政工程，新增改建城市绿化面积 216 公顷，在全省县级全国文明城市年度复审测评中位列第一。

第七节　对接京津冀协同发展

2015 年 7 月，中共中央、国务院正式印发的《京津冀协同发展规划纲要》指出，要有序疏解北京非首都功能，在京津冀交通一体化、生态环境保护、产业升级转移等重点领域率先取得突破。在《纲要》中，德州被正式纳入协同发展城市，明确提出"支持山东德州建设京津冀产业承接、科技成果转化、农产品供应、劳动力输送基地和京津冀南部重要生态功能区"的"一区四基地"的战略定位。2016 年，山东省第一时间研究出台了《关于支持德州加快融入京津冀协同发展的意见》，在土地、金融等十九个方面出台了四十条推进措施。省"十三五"规划纲要提出，支持聊城、德州、滨州、东营承接北京非首都功能疏解和京津产业转移，打造京津冀协同发展示范区，其中，滨州、东营以及德州的庆云县和乐陵市均属于黄三角地区。这为黄三角地区融入京津冀协同发展提供了良好的外部环境，形成新的发展机遇。

一、交通设施对接日益完善

2014 年，国家发改委在《环渤海地区山东省城际轨道交通网规划（调整）》中批复同意建设山东省环渤海快速铁路通道。该通道包括德州—东营（185 千米）、东营—潍坊（110 千米）、东营—烟台（280 千米），全长约 575 千米，是我省快速铁路网"三纵三横"北部通道的重要组成部分，将形成东西向的铁路客运大通道。该通道西端在德州可连接京沪高铁，也可在滨州连接河北与天津，实现与京津冀经济圈的对接。

二、对接京津冀协同发展的定位逐步明晰

几个主要对接城市均出台了相关政策建议，进一步明晰了京津冀协同发展的定位。德州市制定印发了《关于解放思想、抢抓机遇、努力建设协同发展示范区的意见》等多个配套政策文件。东营市制定了融入京津冀协同发展实施意见，对融入京津冀协同发展的总体要求、发展目标、主攻方向、突破重点和保障措施等提出了明确要求。东营的功能定位是建设"四区一城"，即高效生态经济集聚区、科技教育合作区、黄河口旅游休闲养老区、京津冀南部重要生态功能区和首都南部功能型卫星城市。滨州市也于 2015年印发了《关于融入京津冀协同发展战略、加强招商引资工作的实施方案》，增强了招商引资的工作力度。

表 1-5　主要对接城市功能定位及对接政策

地区	对接京津冀的定位	政策措施
德州	围绕建设京津冀"一区四基地"和"京津冀产业承接、科技成果转化、优质农产品供应、劳动力输送基地和京津冀南部重要生态功能区"，德州积极承接北京非首都功能疏解和京津产业转移，打造京津冀协同发展示范区。	《关于解放思想、抢抓机遇、努力建设协同发展示范区的意见》《关于加快融入京津冀协同发展的实施意见》《关于树立"三严三实"干部导向、为建设协同发展示范区提供坚强保障的意见》《关于在建设协同发展示范区中治理"庸懒散"问题的意见》。
滨州		《关于融入京津冀协同发展战略、加强招商引资工作的实施方案》（滨办字〔2015〕20 号）。
东营	建设"四区一城"，即高效生态经济集聚区、科技教育合作区、黄河口旅游休闲养老区、京津冀南部重要生态功能区和首都南部功能型卫星城市。	《关于加快融入京津冀协同发展战略的意见》。

三、主要地区积极对接，成绩斐然

德州市积极参与京津冀生产力布局调整，组建了智能装备制造、信息技术等战略性新兴产业办公室，成立了电动车、汽车零部件等产业合作联盟，推进各行业与京津冀精准合作，2018 年新开工来自京津冀项目 124 个，到位资金 115.7 亿元。滨州市先后在京津冀开展多次经贸洽谈活动，与天津市东丽区政府等签订合作协议，建立了长期、稳定、全面的合作关系。滨州临港产业区（北海经济开发区）和河北省沧州渤海新区签订了战略合作协议，打破行政区域限制协同发展，主动融入京津冀一体化发展规划。东营市与中科院地理资源所签署了战略合作框架协议，共建中科院地理资源所黄河三角洲研究中心，精准招引项目落地。

第八节 高质量发展面临的挑战

一、经济增长的冲动与生态环境保护硬约束的矛盾突出

地方长期以来形成的"重增长、轻生态"思维惯性使得增长的冲动与生态环境保护的硬约束矛盾进一步凸显。中央强化督查与地方保护增长的博弈在黄三角地区表现明显，高质量发展任重道远。2019 年 5 月，中央第三生态环境保护督察组对山东省开展"回头看"情况反馈，明确表示仍存在一些地方和部门政治站位不高、敷衍整改、表面整改、假装整改等四大问题。黄三角地区直接涉及其中三个问题：一是敷衍整改问题。在滨州市鲁北化工园区内的金海钛业资源科技有限公司，长期违法将厂区外一个无有效防渗的坑塘作为红石膏泥浆吹填库。无棣县政府隐瞒不报、以罚代管，企业违法行为一直未被制止。第一轮督察后，企业仍向该坑塘违法排放超过 70 万吨的红石膏泥浆。二是表面整改问题。潍坊市滨海开发区整改工作做表面文章，轻视实际效果。当地在围滩河污染治理中"撒药治污"，短期内水质得到改善，1 个月后水质开始恶化。督察组在围滩河 13 个点位采样监测，水质均为劣 V 类，耗资 4 700 余万元的治污工程只是用来作秀。

三是假装整改问题。第一轮督察期间，群众举报东营市广饶县甄庙村一土坑非法填埋大量化工固废、医疗垃圾、生活垃圾。当地仅清理表层数百吨垃圾后，就在表层覆上建筑垃圾，以掩盖地下数万立方米固体废物。对如此整改，当地甚至还作为正面典型宣传报道。[1]

二、新旧动能转换进入"空笼期"，经济下行压力加大

山东省很多地方正经历着新旧动能转换"空笼期"的阵痛——腾笼换鸟，"老鸟"换走了，"新鸟"还没招引进来。黄三角地区表现较为明显。以滨州市为例，如图1-1所示，滨州市2018年地区生产总值仅同比增长1.5%，规模以上工业企业增加值同比下降2.3%，均列全省末位，虽然有宏观调控的持续影响，但也暴露出对压减产能后的困难估计不足。同时，投资下滑，严重影响总需求。如图1-3所示，2018年滨州市固定资产投资同比下降16.8%，列全省第16位，反映出企业投资意愿不够强，工作推进落实力度不够大。东营市全年固定资产投资比2017年同比下降10.0%。

三、经济结构依旧偏重，转型升级压力较大

经济下行压力加大的同时，经济结构转型升级的难度也在增加。黄三角主要地区的经济结构依旧偏重，给结构调整带来诸多挑战：一是第三产业比重虽有所提高但提高缓慢。2018年，黄三角部分地区如东营市、滨州市、莱州市、乐陵市等地第三产业占比分别为34.3%、46.3%、40.9%、39.1%（见图1-4），均低于山东省49.5%的平均水平，远低于全国52.2%的均值。二是重工业占比较高，且有继续提高的趋势。2018年，东营市规模以上工业企业增加值同比增长3.8%，其中，轻工业企业同比下降27.0%，重工业企业同比增长4.0%。滨州市规模以上工业企业增加值同比下降2.34%，其中，轻工业企业同比下降18.78%，重工业企业同比增长3.61%。寿光市轻工业完成产值387.0亿元，同比增长12.3%；重工业完成产值1 163.1亿元，同比增长20.0%；轻重工业之比为25∶75。

1　中央环保督察组：山东取得积极成效仍存四大问题 | 界面新闻，https://www.jiemian.com/article/3142328.html。

第九节 推进高质量发展的建议

一、要筑牢生态环保理念，进一步淡化"地区生产总值情结"

高质量发展需要绿水青山。黄三角地区生态环境脆弱，生态修复能力不强，黄三角各地区应牢牢把握高效生态的发展定位，遏制经济增长的冲动，进一步淡化"地区生产总值情结"，彻底转变政府绩效评价导向，统筹经济、社会、生态发展，适度提高生态环境考核比重，以不平衡的评价体系解决不平衡的发展。要充分发挥生态环境倒逼机制，促进企业改进生产方式、提高效率，推广节能减排技术，发展生态环保产业服务地区生态环境治理，培育形成新的经济增长点。

二、要加快新旧动能转换，助推高质量发展

要重点推进产业转型升级。要继续采取各种措施淘汰落后产能，压缩资源和能源消耗高的产业比重，降低工业企业污染物排放，提升环境修复治理能力，不断引进新技术、新业态、新模式，培育新型产业，用政策引导支持高新技术产业的发展，不断提高技术产业产值比重。

要重视招商引资，招才引智，实施创新驱动。要按照全省统一部署，继续落实"双招双引"，不断创新体制机制，营造良好创新氛围，巩固企业创新主体的地位，加大基础科研领域的投入，优化提升创新平台建设，推动产学研紧密结合，以科技进步助推高质量发展。

要强化港口整合，优化产业布局。要充分发挥渤海湾港口集团资源整合优势，统筹港口设施建设，推进港口错位发展，优化"四点四区"产业布局，提升经济集聚水平，加强区域内外合作，努力塑造黄三角品牌形象。

三、要加强政府自身建设，引领高质量发展

要进一步改变工作作风，坚决杜绝干部不作为、不敢为、不愿为的现象，强化服务型政府建设，在地区营商环境建设方面，抓好政府服务这一关键

环节，在黄三角地区内进一步加大推广滨州市营商环境治理经验的力度，提升政府效能。要不断完善激励约束、容错纠错机制，鼓励创新工作方式，改进工作方法，引进新技术，推动线上线下服务相结合，不断提升政府数字化水平。

黄三角各地区应认真落实山东省《关于推动开发区体制机制改革创新、促进高质量发展的意见》，在开发区改革领域勇于创新，走在前列，加快建立更加精简高效的管理体制、更加灵活实用的开发运营机制、更加鼓励竞争的干部人事管理制度、更加系统集成的政策支持体系，把开发区打造成为科技创新的引领区、深化改革的试验区、对外开放的先行区、新旧动能转换的集聚区、高质量发展的示范区。要通过开发区管理体制改革，以点带面，全方位提升政府自身建设。

四、要营造培育企业家精神的外部环境，激发市场活力

实现经济的高质量发展离不开企业家精神的激发与保护。弘扬企业家精神需要良好的外部环境做保障，以培育企业家精神萌发的沃土。要以《山东省人民政府关于支持民营经济高质量发展的若干意见》激发企业活力，推进高质量发展，认真落实文件精神，在黄三角内部各地区形成相互比拼的良好氛围：一要继续尊重和保护企业的经营自主权，充分理解、尊重、爱护、支持企业家，有效发挥企业家在高质量发展中的促进作用；二要积极构建公平、公开、公正的健康竞争环境，有效促进企业家加大创新投入力度，提升管理创新水平；三要维护良好的市场秩序，营造风清气正的营商环境，为激发和弘扬企业家精神创造良好的外部空间；四要深度挖掘展现企业家精神的典型案例，充分发挥优秀企业家的榜样示范作用，在整个区域推广滨州市优秀企业"旗帜广场"的做法，建立企业荣誉体系，不断提升企业的自豪感、使命感、荣誉感。

五、要深化体制机制创新，创造高质量发展的制度红利

要继续用好用活"飞地经济"政策，在利益分配、税收共享等方面形成复制推广的经验，东营市、滨州市等地要借助"飞地经济"这一有效的

合作方式，把握全省融入京津冀协同发展、服务雄安新区的良好机遇，做好要素对接、产业承接，形成共同发展、合作共赢的良好局面。

在风险可控的条件下，要不断提升金融服务能力，提高各类资金使用效率，努力破解企业特别是中小微企业融资难的问题。要构建政府、银行、担保机构共担风险的机制，各级政府性融资担保机构要更好地服务民营企业。同时，黄三角各地区要积极争取国家融资担保基金，对接省融资担保集团，滨州、东营两市可考虑设立市级直担公司，强化再担保公司功能，同时加强县级直担公司建设，建立市县财政资本金补充和风险补偿机制，切实发挥政府性融资担保体系作用。此外，要不断拓宽融资渠道，鼓励企业依托供应链金融、特许经营权、知识产权等进行融资，大力发展多层次资本市场，努力提升直接融资的比重。

黄三角地区要密切关注人口流动，稳定高质量发展的人才基础。要增强人才竞争的危机意识，认真梳理现有各类人才政策，学习先进地区的做法，实施人才新政，确保在新一轮人才竞争中胜出。

六、坚定不移去产能，加大产业结构调整力度

黄三角地区经济结构偏重，高耗能企业较多，已严重制约高质量发展。各地区应进一步细化去产能目录，滨州市要按照五大高耗能行业高质量发展实施方案，淘汰低效落后产能，提高产业集中度和亩均产出，确保能源消耗和排放总量只减不增。要以旧产能腾出的发展空间为资源，做足"招大引强"文章。东营市要进一步强化安全、环保、节能等硬约束，加快淘汰一批石化、轮胎等方面的重点产业落后产能，严控新增产能。要研究落实兼并、重组、破产等措施办法，稳妥处置"僵尸企业"。

在承接外部产业转移的同时，要做到认真识别各类项目，坚决不承接落后产能，新上项目要切实起到促进产业结构调整、形成新动能的作用。

七、提升公共服务供给能力，保障民生事业高质量发展

要认真落实乡村振兴战略，加大投入力度，不断缩小城乡公共服务差距。要在推进基础教育、医疗卫生与生态环境建设的同时，投入更多力量

发展社会福利与公共服务设施。要针对发展的短板，出台相关政策，因地制宜，均衡发展各自的基本公共服务，让本地居民安居乐业。

要充分发挥市场机制作用，通过购买服务和财政补助等形式鼓励和引导社会力量参与基本公共服务设施建设（如养老服务、残疾人服务等），形成多元主体积极参与、平等竞争的基本公共服务供给格局，同时要加强基本公共服务标准化建设。要充分利用现代信息技术，包括互联网＋、大数据等，与基本公共服务标准化建设有效结合，提高服务绩效。可以借鉴"滨州标准云"建设经验，将服务企业的先进做法向全社会公共服务各领域推广，鼓励各地区、各部门在制定基本公共服务政策时积极引用标准，运用标准化手段规范自身管理，提升公共服务效能。

第二章

黄河三角洲高效生态经济区
"十四五"的阶段特征

魏建　于丛[*]

"十四五"期间，我国经济将继续保持中高速发展，开始由高速增长阶段转向高质量发展阶段。在国家战略背景下，黄河三角洲高效生态经济区亟须从以下几个方面做出改进：升级人才吸引政策，打造便利的交通枢纽，形成区位新优势；发挥制造业基础优势，加快制造业转型发展，尤其是大力发展工业互联网；推进制度改革，打造良好营商环境，营造创新创业氛围。"十四五"期间，黄河三角洲高效生态经济区将会呈现从旧动能迈向新动能、从区域发展不平衡迈向区域协调均衡发展、从资源要素驱动迈向创新驱动等特征。

第一节　"十四五"时期我国发展特征及所处关键阶段

一、"十四五"时期我国发展的主要特征

"十四五"时期，我国经济实力、国际地位和影响力将显著提升，经济发展将从高速增长转向高质量发展、由中等收入阶段迈向高收入阶段，

---

* 魏建，山东大学山东发展研究院副院长、教授、博士生导师；于丛，山东大学经济研究院博士生。

同时面临一定的不确定性和风险。具体来看，"十四五"时期我国发展呈现如下主要特征：

1.经济保持中高速增长，高质量、高效益是这一时期经济社会发展的主要特征。

党的十九大报告指出："我国经济已由高速增长阶段转向高质量发展阶段。"这是继经济发展进入新常态后，针对国际国内环境新变化，特别是发展条件新变化对我国社会发展阶段做出的新的重大判断。改革开放40年来，我国经济保持了近10%的年增长速度，占全球经济比重不断提升。这主要是因为改革开放形成了有效激励市场主体和充分利用国际国内市场资源的体制机制，使我国劳动力资源丰富、储蓄率高的要素红利，得以通过国内外需求的持续拉动，得到充分的发挥。但是，随着国内外发展环境和条件发生变化，"十四五"时期我国经济发展面临一系列问题，如外部环境异常复杂、人口红利渐失、内需不足等，经济增长速度放缓，高质量、高效益将是这一时期经济社会发展的主要特征。

2.投资面临较大的下行压力。

相对"十二五"时期和"十三五"时期，"十四五"时期劳动力增速下降会更明显，储蓄率处于长期缓慢下降通道。从劳动、资本、全要素生产率在总供给增长中贡献的可能变化看，用全要素生产率的上升弥补劳动增长率、资本增长率的下降对总供给增长的影响并不现实，经济增速总体趋于下降难以避免。经济增速决定了国民收入增速和市场需求增速。如果改革进程和外部环境没有预期之外的变化，"十四五"时期国民收入和市场需求增速下降是大概率事件。这会制约"引致投资"的增长，投资面临较大的下行压力。同时，在经济增速、投资增速趋缓的同时，城乡居民特别是年轻人对工作条件、生活质量、社会公正的期望越来越高，对高质量的公共服务、优美环境的需求越来越迫切。这对投资领域和投资重点提出了新要求，总体上不利于投资增长。

3.需求结构进一步改善，消费贡献度不断提高。

随着促进消费的体制机制不断完善，消费对经济发展的基础性作用进一步凸显，消费特别是居民消费将成为稳定经济发展的重要因素。从国家统计局数据可知，2018年最终消费对经济增长的贡献率达76.2%，已经连续多年成为经济发展的主要驱动力，特别是紧密连接需求端与供给端的新零售逐渐成为消费升级的重要动力。在线上线下融合的新零售带动下，新的消费形式不断涌现，创造并满足了消费者高品质、个性化的需求，国内市场的内涵和外延不断变化，经济发展的韧劲不断增强。同时，消费升级还将带动制造业与旅游、餐饮、文化、信息、健康消费等服务业发展，促进高端制造业与个性化服务业发展，不断带动经济高质量发展。

4.经济全球化深入发展，中国进出口贸易发展空间广阔。

尽管"逆全球化"思潮抬头，但经济全球化方向不会逆转。贸易投资自由化与便利化的平台与方式发生改变，区域合作不断推进，信息技术与数字经济等的广泛应用带来新的贸易方式，平台经济快速发展，要素的跨国流动加速。新兴经济体快速发展，为中国提升在国际分工中的地位提供了机遇。全球经济增长的重心将从欧美转移到新兴市场，新兴经济体和发展中国家的实力进一步提升，在全球贸易和跨境投资中的比重也将相应大幅上升。新兴经济体的快速发展和进一步融入世界经济，将为我国实施对外贸易市场多元化战略提供发展空间，为提升中国在国际分工中的地位提供重要机遇。随着中国从"制造大国"进入"消费大国"，进口需求激增，"十四五"时期进出口结构可能会出现进口大于出口的历史性拐点，成为世界第一进口大国。这将对全球贸易结构和国内经济发展动能带来革命性影响。而中国经济发展的前景和巨大市场，也将吸引世界各国不断扩大和深化与我国的经贸合作。

5.工业化进入后期，产业结构深入调整，产业布局更加优化，竞争力日益增强。

工业化是一个国家和地区发展的必经阶段。没有工业化就没有现代化，强大的工业是国家强大的基础。经过新中国成立以来70年特别是改革开放

40 年的工业化发展，我国现已成为世界第一大工业国，跨过了工业化初期和中期阶段。但是，我国的工业化大而不强，瓶颈还很多，实现制造强国的任务十分艰巨。当前，全球新一轮产业分工和贸易格局加快重塑，我国产业发展进入从规模增长向质量提升的重要窗口期。数字经济、智能经济、生物经济、海洋经济和绿色经济等五大新经济形态将成为引领"十四五"产业发展的核心力量，产业格局和结构将面临重大调整。制造业产业提质增效，工业化与信息化深度融合，高精尖技术逐渐成为行业主力。根据国家规划，到 2020 年，我国基本实现工业化，制造业大国地位进一步巩固，制造业信息化水平大幅提升；到 2025 年，制造业整体素质大幅提升，创新能力显著增强，全员劳动生产率明显提高，两化（工业化和信息化）融合迈上新台阶；重点行业单位工业增加值能耗、物耗及污染物排放达到世界先进水平，形成一批具有较强国际竞争力的跨国公司和产业集群，在全球产业分工和价值链中的地位明显提升。尤其是随着技术与产业的融合和对产业的改进，"十四五"进入的工业化后期，可能不再是经济学家钱纳里描绘的工业化六个阶段的常规演进，而是进入一个全新的工业化时代，即进入人工智能制造时代，"智能大脑"决定制造流程，大量的无人工厂、无人车间、无人物流、无人售卖将成为常态，并对产业结构、社会就业、仓储物流、用户体验以及产业链、价值链等产生革命性影响。

6. 城乡融合发展，城镇化水平进一步提高。

"城乡融合"水平提高，城乡差距缩小。在相当长的一段时期内，城镇化，也即农业转移人口的不断城市化，都将是我国经济发展过程中最明显的空间特征。目前，中国 59.58% 的城市化率稍高于 54.83% 的世界平均水平，但明显低于高收入经济体的 81.53% 和中高收入经济体的 65.45%。"十四五"时期，我国城镇化水平有进一步提升的空间，大、中、小城市和小城镇协调发展的城镇格局基本形成，新增城镇人口将带来基础设施、地产、新零售、医疗卫生、文化娱乐等多个领域的广泛需求，为我国经济发展提供重要引擎。与此同时，乡村振兴持续发力，完善的制度框架与政策体系在 2020 年已基本形成,为农村地区实现高质量发展提供了保障。在脱贫攻坚战取得全面胜利的基础上,农村在产业、人才、文化、生态、组织等方面实现了振兴,在城市去中心化发展和乡村振兴的合力之下,城乡融合水平逐步提高,城乡差距越来越小。

7. 在应对老龄化和鼓励生二胎的交汇期,公共服务供给压力有增无减。

人口问题历来是影响经济社会中长期发展的大问题。按照国际上的划分,65 岁以上人口占 7%—14% 的社会是老龄化社会(ageing society),占 14%—21% 的社会是老龄社会(aged society),占 21% 以上的社会为超老龄社会(hyper-aged society)。如果将老龄化社会、老龄社会、超老龄社会转为更加直观的表述——轻度、中度、重度老龄化社会,"十四五"时期我国将由轻度老龄化社会转为中度老龄化社会,人口老龄化程度不断加深,老年人口"增速快、寿龄长、空巢化、失能化"等特点更加明显,多样的养老服务需求更加迫切。尤其随着人口老龄化重新提速、第一代农民工集中返乡养老等问题出现,失能老年人将快速增加,养老服务需求呈井喷态势,养老保险收支压力加大,单靠增加财政投入、加大基本建设力度的数量型养老支持政策效应趋弱。同时,优质教育资源过于集中在主城区,外围城区教育资源匮乏,各地区基础教育在应对人口变化(特别是外来人口的增加和放开二胎后学生数量的增加)方面准备不足,造成公共服务供给面临较大压力。

8. 社会治理从碎片化向整体性转变,推动法治国家、法治政府、法治社会一体化建设和确保国家安全。

要一手抓发展——发展是硬道理,一手抓稳定——稳定压倒一切。这是改革开放以来中国创造发展奇迹的两大法宝。"十四五"时期,发展和稳定都面临新的形势,面临既要创新社会治理,推进国家治理体系和治理能力现代化,又要树立国家总体安全观,建设更高水平平安中国的任务。在这一进程中,全面依法治国,加快社会治理法治化进程,提高社会治理法治化水平至关重要。一直以来存在的"碎片化治理"难题是制约社会治理现代化的重大瓶颈，这种片面而封闭的传统治理方式不仅极易造成决策偏差，而且会加大政府行政成本，降低行政效能。"十四五"时期应按照法治国家、法治政府、法治社会一体建设的要求，在党和国家机构改革的基础上，进一步"精兵简政""简政放权"，明确政府和市场的边界，推进服务型政府建设，提高行政效率，从根本上解决政府越位、缺位和错位的问题。同时，要加快构建集政治、经济、金融、文化、社会、生态、军事、科技、信息、国土、资源、核安全于一体的国家安全体系和法治体系，建设基于法治化的高水平的平安中国。

9. 防范化解系统性风险，尤其是金融风险的任务仍然较重。

一方面，地缘政治风险带来较大的经济风险压力，不确定的国际经济形势、大国博弈与多方角力，使得"十四五"时期我国面临的外部环境异常复杂。尤其是随着我国经济实力、国际地位和影响力的显著提升，国际社会对我国崛起的速度和方式的担忧与质疑与日俱增，美国更是视我国为对其核心价值观和全球经济主导地位最具挑战性的国家，明确将我国定义为"战略竞争对手"。另一方面，金融周期对经济的影响更加强烈。"十四五"时期，全球主要经济体金融周期进入异步时代，金融市场波动性与溢出效应上升。美国经济增长预计到 2019—2020 年见顶，在 2020—2025 年转入下行区间，到时主导全球金融市场风向的美国货币金融政策可能出现转向，全球流动性将有可能重新释放；欧盟和日本经济增长在 2020—2025 年仍将较为乏力，并不排除局部债务危机的可能，因此刺激性的货币财政政策仍将是主流。受到全球主要经济体货币财政政策不确定性的影响，加上逆全球化加剧、国际贸易摩擦不断升级，全球金融市场震荡将进一步加大，不确定性的全球金融形势可能带来人民币汇率尤其是离岸汇率、股市、债市的震荡，甚至不排除发生金融战、汇率战的可能性。金融业开放、资本项目管制、利率市场化等方面的金融改革，使得完善货币政策及防范金融风险的重要性凸显。

10. 全面开放的新格局加速推进，区域布局及协调发展水平进一步提高。

"一带一路"将进一步成为推行互利共赢的重要平台。引进来和走出去双向开放的载体作用将更加凸显，会有更多有实力的企业走出去，市场开放进一步扩大，营商环境进一步优化，外商权益保护水平进一步提高，我国的国际引资竞争力不断增强。基于沿海地区，面向海洋、面向发达国家开放的布局将进一步优化，陆海内外联动、东西双向互济的开放局面进一步扩大。区域协调发展促生新的经济增长极和增长带，我国将从区域非均衡发展转向区域均衡协调发展。一方面，劳动力成本上升带来的产业省际转移，在一定意义上是区域发展走向平衡；另一方面，外部需求弱化，内需尤其是消费需求逐渐扩大，将导致产业发展集聚从传统的沿海和临港型发展布局，转变为向人口中心等地区聚集，必然带来沿海地区短期的减速调整和中心城市等人口密集地区的"复兴"，使中西部有条件地区的发展进入快车道，并形成具有一定辐射力和带动力的新增长极和增长带。此外，随着长江经济带、雄安新区、京津冀一体化的发展，新的增长极逐步形成。

11. 生态化建设进入关键期，生态环境保护修复出现趋势性好转。

党的十八大以来，以习近平同志为核心的党中央，针对我国长期粗放型发展带来的环境污染、水土流失、草原退化、沙漠扩大、水源枯竭等问题，提出了新发展理念，修订实施了最严的环境保护法，实行自然资源资产离任审计，建立生态环境损害责任终身追究制，开展环保督察，查处典型案件，掀起了前所未有的"环保风暴"，从总体上遏止了生态环境恶化的势头。但是，生态环境形势依然严峻，加上生态问题积重难返、背后利益盘根错节、经济下行压力加大等，稍有放松就会前功尽弃。"十四五"时期，必须坚持"绿水青山就是金山银山"的发展理念，把生态环境保护放在前面，贯穿"五位一体"发展的各个方面和全过程。任何地区的发展都要注意生态环境保护，以生态环境保护倒逼高质量发展，走出一条绿色、生态、可持续的发展道路，为生态环境出现趋势性好转、建成现代化的美丽中国打下坚实基础。

12. 摈弃金钱至上观，着力让人民信仰成为支撑经济社会发展及全面深化改革的思想基础。

改革开放以来，一味追求GDP增速的经济发展模式使一些人形成了"金钱至上"的价值观，人文思想道德建设、法制建设等相对滞后。这成为阻碍"十四五"时期经济高质量发展的障碍。历史证明，一个国家和民族，贫弱落后固然可怕，但更可怕的是精神空虚。失去了理想信仰，内心没有约束，行为没有顾忌，再多的物质需求得到满足，也会"法令滋彰，盗贼多有"（《老子》第五十七章）；丢失了主导价值，没有了明确准则，冲破了道德底线，再丰裕的物质生活，也难免"金玉其外，败絮其中"。"十四五"时期，社会主义核心价值观将逐渐成为中华民族的精神之钙和兴国之魂，成为实现中国梦的重要内涵。要从知与行的角度，发掘每个人心底蕴藏的善良道德意愿和情感，让社会主义核心价值观内化为社会群体和个人的意识，外化为群体和个人的行为规范，成为全国人民的共同信仰，成为支撑经济社会发展及全面深化改革的思想基础。

二、"十四五"时期我国发展的历史阶段与使命

1."十四五"时期我国将开启全面建设社会主义现代化国家的新征程。

改革开放之后，我们党对社会主义现代化建设做出战略安排，提出"三步走"战略目标。解决人们的温饱问题、人们的生活总体上达到小康水平这两个目标已提前实现。在这个基础上，我们党提出，到建党一百年时建成经济更加发展、民主更加健全、科教更加进步、文化更加繁荣、社会更加和谐、人民生活更加殷实的小康社会，然后再奋斗三十年，到新中国成立一百年时，基本实现现代化，把我国建成社会主义现代化国家。我国将于2020年全面建成小康社会、实现第一个百年奋斗目标。"十四五"时期我国将乘势而上，开启全面建设社会主义现代化国家新征程，向第二个百年奋斗目标进军。

党的十九大报告综合分析国际国内形势和我国发展条件，将我国从

2020年到21世纪中叶分两个阶段来安排。第一个阶段，从2020年到2035年，在全面建成小康社会的基础上，再奋斗十五年，基本实现社会主义现代化。到那时，我国经济实力、科技实力将大幅跃升，跻身创新型国家前列；人民平等参与、平等发展权利得到充分保障，法治国家、法治政府、法治社会基本建成，各方面制度更加完善，国家治理体系和治理能力现代化基本实现；社会文明程度达到新的高度，国家文化软实力显著增强，中华文化影响更加广泛深入；人民生活更为宽裕，中等收入群体比例明显提高，城乡区域发展差距和居民生活水平差距显著缩小，基本公共服务均等化基本实现，全体人民共同富裕迈出坚实步伐；现代社会治理格局基本形成，社会充满活力又和谐有序；生态环境根本好转，美丽中国目标基本实现。因此，"十四五"时期我国将开启全面建设社会主义现代化国家的新征程，是我国努力奋斗基本实现社会主义现代化的关键时期。

2."十四五"时期我国经济仍将保持中速增长。

党的十九大报告提出中国特色社会主义进入新时代，并做出了我国经济已由高速增长阶段转向高质量发展阶段的判断。年增长率从1978年的11.7%到2018年的6.6%，中国经济已经保持了40年的中高速增长，并创造了"中国奇迹"。但是从长期看，中国经济增长速度将逐渐由中高速过渡并回归至全球平均增速。"十四五"时期中国经济增长将进一步放缓，但仍将保持中速增长。2020年全面建成小康社会之后，中国经济仍将处于不断转型之中。从供给侧来看，虽然人口政策的改变对中国人口年龄结构有一定的调整作用，但劳动年龄人口仍将呈现下降的趋势；受人口老龄化、社会保障体系不断完善和新生代消费理念变化等因素影响，资本供给的增长速度也将不断下滑；随着经济转型的不断深入和距离全球技术前沿越来越近，通过结构调整和技术模仿提升效率的空间越来越小，全要素生产率将难以回到以前的高增长状态。整体来看，未来30余年中国经济将保持较长一段时间的中速增长，然后逐渐回归至全球的平均增速。根据国务院发展研究中心"国际经济格局变化和中国战略选择"课题组的分析，到2035年，中国的投资率将逐渐下滑至30%以下，全要素生产率将逐渐保持在 2%—2.5% 左右的水平，2020—2035 年中国经济的平均增速将达到 4.8% 左右。中国社会科学院数量经济与技术经济研究所李平教授估计，2020—2025 年"十四五"期间中国经济的平均增速乐观情境下将达到 6.6% 左右，基准情形下将达到 6.1%，悲观情境下将达到 5.7%，整体保持中高速增长。

3. "十四五"时期是中国经济迈向高质量发展的攻关时期。

党的十九大报告做出了我国经济已由高速增长阶段转向高质量发展阶段的重要判断，并进一步指出我国经济正处在转变发展方式、优化经济结构、转换增长动力的攻关期，建设现代化经济体系是跨越关口的迫切要求和我国发展的战略目标。据国家统计局社科文司《中国创新指数研究》课题组测算，2017 年中国创新指数为 196.3（以 2005 年为 100 计算），比 2016 年增长 6.8%。测算结果表明，2017 年我国创新环境进一步优化，创新投入力度继续加大，创新产出持续提升，创新成效稳步增强，较强的创新能力为中国经济迈向高质量发展提供了动力源泉。

"十四五"时期全球产业分工格局孕育着新变化，特别是新一轮科技革命和产业变革兴起，为我国发挥市场、劳动力等方面的优势，加快新兴产业发展提供了重大机遇，同时也带来严峻挑战，使我国制造业发展面临"前有堵截、后有追兵、多重挤压"的严峻形势。一方面，我国面临美国等发达国家的高端打压和一些发展中国家的中低端挤出的双重挤压；另一方面，从国内看，我国面临成本快速上升、金融去杠杆、环保约束强化、快速老龄化、"脱实向虚"等方面的挤压。如何夯实实体经济根基，避免"脱实向虚"和过早去工业化，重塑竞争优势，成为摆在我国经济发展中的十分重大而又紧迫的任务。

展望"十四五"，全球新一轮产业分工和贸易格局加快重塑，我国产业发展进入从规模增长向质量提升的重要窗口期。要想把握全球新一轮科技革命和产业变革机遇，推动产业高质量发展，实现新旧动能顺畅转换，抢占全球产业发展制高点，培育新的经济增长点是关键。中国宏观经济研究院产业经济研究所研究室副主任盛朝迅研究认为，数字经济、智能经济、生物经济、海洋经济和绿色经济等五大新经济形态将成为引领"十四五"产业发展的核心力量。到 2025 年，五大新经济占 GDP 的比重有望超过50%，对经济增长的贡献率将超过 80%。

4."十四五"时期是我国跨越中等收入陷阱的决胜时期。

"中等收入陷阱"的概念，最早出自世界银行 2006 年发布的《东亚经济发展报告》。该报告指出，在 20 世纪后期的工业化浪潮中，鲜有中等收入的经济体成功跻身高收入国家。很多国家往往在经历一段时间的高速增长之后便陷入经济增长的停滞期。这些国家既无法在工资方面与低收入国家竞争，又无法在尖端技术和现代服务业方面与富裕国家竞争。改革开放 40 年来经济的高速增长使得我国人均 GDP 由 385 元增长到 2018 年的64 644 元。"十四五"时期（2021—2025）将是中国经济发展的一个关键时期。根据东北财经大学中国战略与政策研究中心的测算，在人民币汇率不发生大幅度贬值的前提下，我国大概率将于 2028 年前后跨入"世界银行"分类的"高收入国家"门槛（见表 2-1）。"十四五"时期，我国人均 GDP 将由 71 088/71 761 元增长到 89 114/92 416 元，与进入高收入国家人均 GDP 门槛的差值逐渐缩小。按照世界银行 2014 年 12 736 美元以上为高收入国家的标准，我国将在 2025 年前成为高收入国家。换言之，"十四五"时期将是我国经济跨越"中等收入陷阱"、由中等收入阶段迈向高收入阶段的决胜时期。

表 2-1　2019—2025 年人均 GDP 与进入高收入国家门槛预测

单位：元

年份	人均 GDP		高收入国家人均 GDP 门槛
	低方案	高方案	
2019	67 143	67 456	85 679
2020	71 088	71 761	87 795
2021	75 126	76 213	89 964
2022	78 674	80 225	92 186

续表 2-1

年份	人均 GDP		高收入国家人均 GDP 门槛
	低方案	高方案	
2023	81 974	84 042	94 463
2024	85 551	88 202	96 796
2025	89 114	92 416	99 187
2026	92 607	96 635	101 637
2027	96 317	101 165	104 147
2028	99 995	105 756	106 720
2029	103 830	110 619	109 356
2030	107 678	115 616	112 057
2031	111 835	121 081	114 825
2032	116 368	127 108	117 661
2033	121 072	133 501	120 567
2034	126 287	140 659	123 545
2035	131 536	148 094	126 597

5. "十四五"时期是我国发展的重要战略机遇期。

我国发展仍处于并将长期处于重要战略机遇期。我们既要看到世界面临百年未有之大变局，更要看到国际力量对比继续朝着有利于世界和平与发展的方向发展，和平与发展的时代潮流没有改变；既要看到单边主义、贸易保护主义和"逆全球化"思潮抬头，更要看到世界各国日益交融、命运与共、合作共赢是大势所趋，经济全球化进程不会改变；既要看到多边贸易体系面临新的挑战，更要看到推动形成公正、合理、透明的国际经贸规则体系已成为大多数国家的共识，全球经济治理体系变革的方向不会改变。如果说过去我国所处的重要战略机遇期主要来自比较有利的国际环境，那么，今后内外环境变化将赋予重要战略机遇期以新的条件和内涵，并将伴随更多挑战。要抓住和用好机遇，就要准备迎接挑战、战胜困难。用好我国发展的重要战略机遇，应当适应新条件，紧扣重要战略机遇新内涵，主动作为，化危为机，变压力为动力。纵观国内外形势，我们比历史上任何时期都更接近实现中华民族伟大复兴，只要办好自己的事，发挥好自身优势，就能变压力为推动高质量发展的动力，保持经济长期向好。要按照中央经济工作会议部署，紧扣重要战略机遇新内涵，加快经济结构优化升级，提升科技创新能力，深化改革开放，加快绿色发展，积极参与全球经济治理体系变革，不断夯实中国经济长期平稳健康发展的基础。

第二节　"十四五"时期黄河三角洲高效生态经济区经济发展特征

一、"十三五"时期山东省发展回顾

（一）经济总量持续扩大，经济发展质量较低

1. 总体经济规模不断扩大，但增速不容乐观。

山东省总体经济规模不断扩大，2017年地区生产总值首破7万亿元，产业结构不断优化，质量效益持续提升。但是自2010年以来山东地区生产总值增速持续下滑，由2010年的12.3%下降至2018年的6.4%（见图2-1），增速排名为全国第21名。2018年广东、江苏、山东、浙江、河南、四川六省位居地区生产总值总量排名前六位（见图2-2）。尽管山东经济总量位居前列，但山东地区生产总值增速和人均地区生产总值增速均落后于前六名中的其他省份。

我省地区生产总值与广东的差距由2008年的5 860亿扩大到2017年1.72万亿，与江苏的差距由50亿扩大到1.32万亿。从图2-2可以看出：广东与江苏地区生产总值总量变化曲线的斜率几乎平行，两省同步增长；广东、江苏、浙江地区生产总值总量曲线在2015年后斜率出现了稍微提高；相比之下，我省地区生产总值总量曲线已经变得平缓很多，人均地区生产总值变化也是如此（见图2-3）。

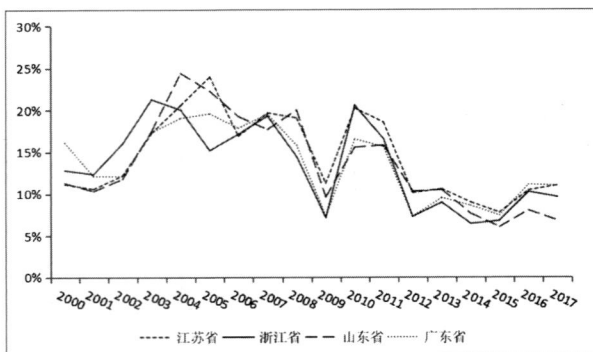

图 2-1　地区生产总值增长率

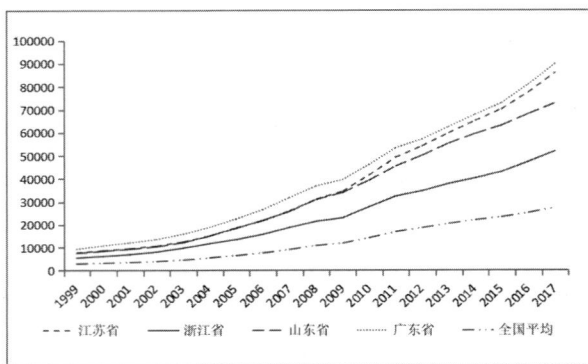

图 2-2　地区生产总值总量（亿元）

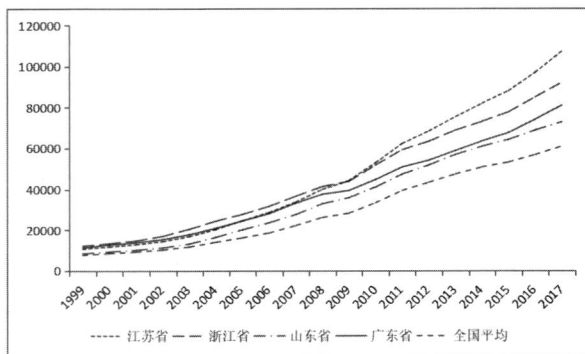

图 2-3　人均地区生产总值（元）

2013—2014 年，山东紧咬江苏，地区生产总值增速一直领先于广东；从 2015 年开始，广东开始发力，渐渐缩小了与江苏、山东的差距；2017 年，广东经济增速快于江苏和山东，而且从人均地区生产总值来看，增速差距更大（见图 2-4）。

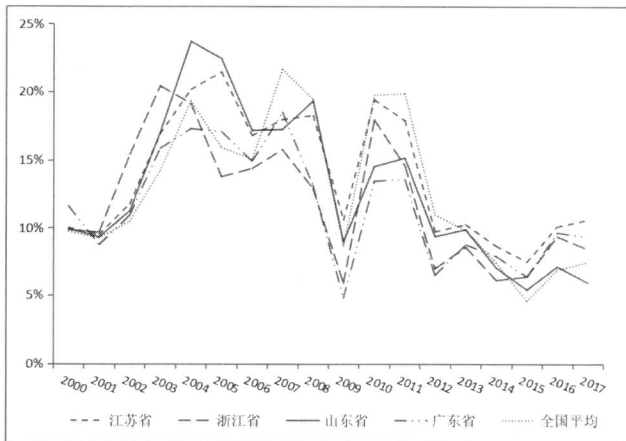

图 2-4 人均地区生产总值增长率

2. 财政收入质量偏低，财政压力持续走高。

财政收入和财政压力能够反映地方政府在公共物品提供、社会保障水平和对经济发展的支持等方面的政府能力，又能反映地区的经济发展质量和经济实力。从地方财政一般预算收入（见图 2-5）来看，山东省 2017 年一般预算收入为 6 098.63 亿元，低于广东和江苏，高于浙江等省份。但是从增速来看，大约从 2015 年开始，山东一般预算收入的斜率明显有所平缓，江苏也是如此，但广东、浙江等省份的一般预算收入增速则要略高于山东。

税收是财政收入的主要来源，同时税收也是反映地区经济发展活力与潜力的重要指标。从财政收入主要来源税收来看，2017 年山东省税收收入占财政预算收入的比值为 72.47%，一直低于浙江、江苏、广东等省份（见图 2-6）。

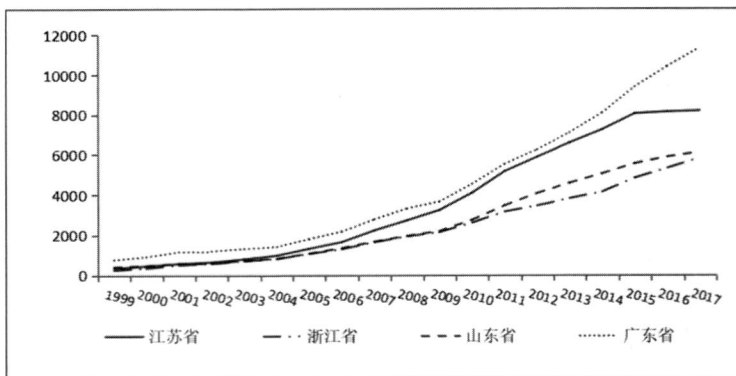

图 2-5　地方财政一般预算收入（亿元）

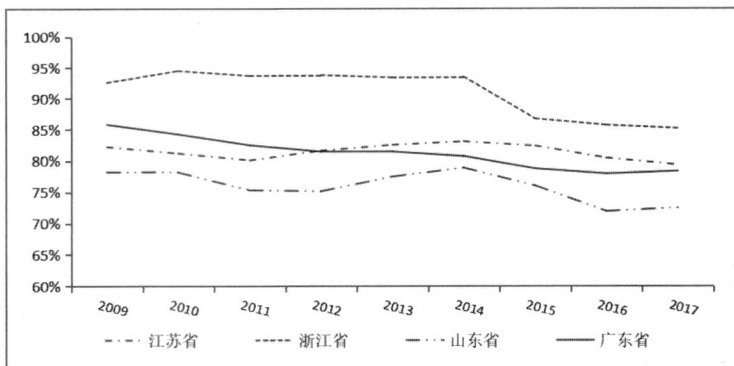

图 2-6　税收占财政预算收入比值

3.产业结构不断优化，但产业规模偏重。

山东省长期投资过大、消费不足带来的产能过剩问题还没有得到根本解决，多数生产能力目前只能满足中低端、低质量、低价格的需求，供给结构不适应需求新变化，有效供给严重不足的问题十分突出。新旧动能转换是山东省解决长期以来制约山东发展的瓶颈，是全面增强经济创新力和竞争力的重要战略选择。

可采用泰尔指数、第三产业产值与第二产业产值之比反映产业结构合理化与产业结构高级化的程度。泰尔指数计算方式为：$\mathrm{TL}=\sum_{i=1}^{n}\left(\dfrac{Y_i}{Y}\right)\ln\left(\dfrac{Y_i}{L_i}/\dfrac{Y}{L}\right)$。

泰尔指数越大，表明产业结构越偏离均衡状态，产业结构存在不合理因素。近年来山东省产业结构合理化和高级化均处于不断优化过程中，但是一直落后于全国平均水平，而且与广东、浙江等经济大省相比差距较大（见图2-7、图2-8）。"十四五"期间山东省迫切需要继续借力新旧动能转换，以优化产业结构，提升资源配置效率。

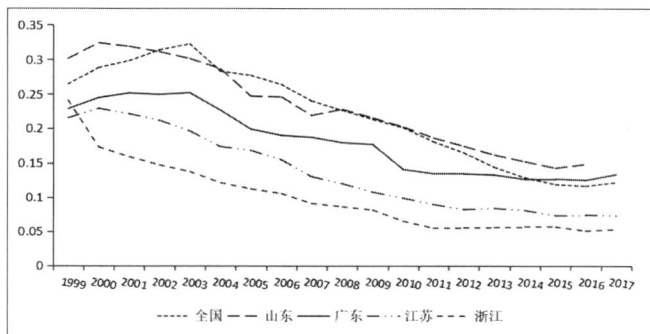

图 2-7　产业结构合理化指标

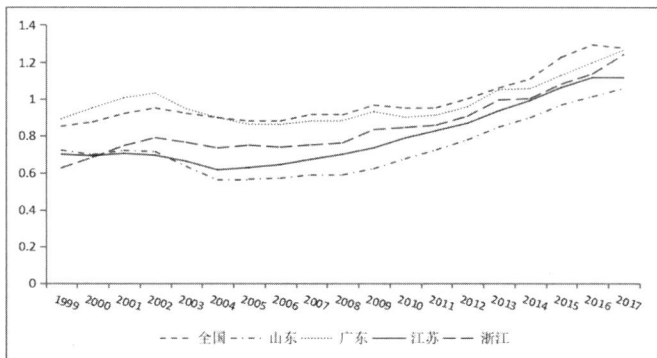

图 2-8　产业结构高级化指标

4. 要素驱动现象依旧突出，能源消耗压力大。

山东省能源消耗总量由 2011 年的 37 132 万吨标准煤增长到 2016 年的 38 722 万吨标准煤，能耗年均增长率从 2012 年的 4.76% 下降到 2016 年的 0.84%，能耗增长速度低于地区生产总值增长速度，能源利用效率有所提高。

但是对比其他省份，浙江和江苏自2013年以来煤炭消耗量保持稳定，广东、河南、四川煤炭消耗量处于不断下降趋势，而山东则不断上升。根据2017年主要污染物排放量数据，山东二氧化硫、烟尘等污染物的排放量均超过其他省份，发展方式粗放、过分依赖传统产业、过度依赖要素驱动的现象仍然比较突出。

（二）官本位文化较为浓厚，营商环境仍需改善

1. 国有企业改革成效显著，但"大象经济"愈加强化。

近几年山东省国有控股工业企业数量有所下降，但是总体上说无论从国有企业数量还是从资产总额来看，山东均显著高于其他省份，以国有企业为主导的"大象经济"愈加强化。

与其他省份相比，山东国有控股工业企业中亏损企业占比尽管近几年呈现下降趋势，但是仍然高于广东、浙江等省份，资产负债率甚至有缓慢上升趋势，而广东、江苏、浙江则逐渐下降。国有企业改革应当在有实质性突破的基础上，为山东经济发展注入更强劲的活力。

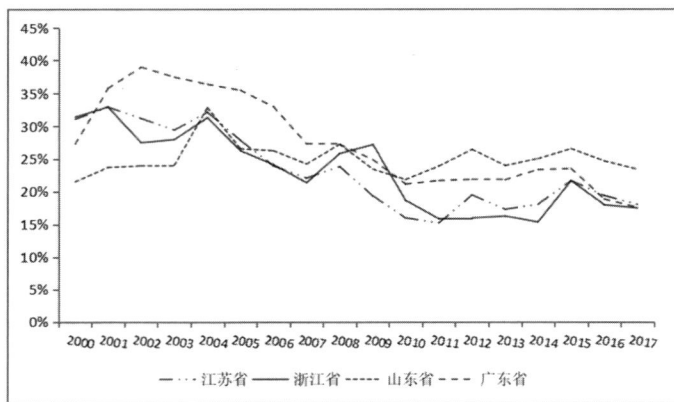

图2-9　国有控股工业企业亏损企业占比

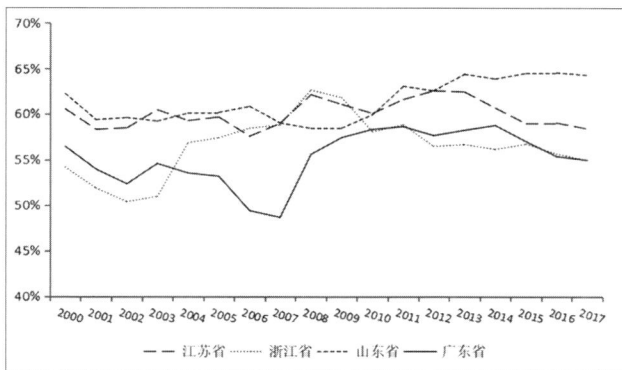

图 2-10　国有控股工业企业资产负债率

2. 创新能力不断提高，但竞争优势不突出。

根据《中国城市竞争力报告》及《中国省域经济综合竞争力发展报告》，2011—2016 年山东省经济竞争力一直处于第六名，落后于北京、广东、江苏、上海、浙江五省市；2017 年中国城市可持续经济竞争力前 40 名中，青岛（第 11 名）、济南（第 23 名）、烟台（第 22 名）与 2016 年相比均有所下滑（2016 年分别为第 9 名、第 22 名、第 19 名）。

2016 年广东企业十强实现营业收入 3.7 万亿元，是我省企业十强的 2.1 倍，仅其排名前三的中国平安、华为、华润就实现营业收入 1.7 万亿元，与我省企业十强的营业收入总和相当。山东服务业比重虽有明显增加，达到了 48%，对经济增长的贡献率达 56.4%，但与发达国家和发达地区相比，差距仍然较大，尤其是在现代生产性服务业、商贸服务业和生活服务业等方面尚有较大发展空间。

通过对比各省份及规模以上企业每年发明专利授权量占总专利授权量的比例可以看出，近几年山东省发明专利比例上升较快，高于全国平均水平，并且超过广东、江苏等经济大省。但是从研发效率指标来看，山东省在经济主要省份中处于很低水平，而且低于全国平均水平。这说明山东省创新活动带来的经济效益不高、新产品缺乏竞争优势。

3. 对外开放水平不断提高，但总体水平仍然落后。

深度融入"一带一路"建设是我省对接国家倡议的重要内容，也是我省打造对外开放新高地的重要举措。山东省 2017 年外商投资企业注册资本达 181 979 百万美元，五年来年均增长 15.2%，分别位居全国第 6 名和第 16 名；山东省 2017 年外商投资企业有 29 512 户，五年来年均增长 2.7%，分别位居全国第 6 名和第 18 名。"十四五"期间山东省要进一步提升对外开放竞争力，打造对外开放新高地。

与其他经济发达省份相比，山东省处于严重落后的局面。近些年来，山东省的外商投资企业数远远低于广东、江苏、浙江等省份。这在一定程度上反映了山东省在营商环境方面可能存在着一些问题，值得反思与讨论。

4. 创新体系较为完善，但科研成果转化率不高。

创新是社会经济与可持续发展的引擎和基础，企业是研究开发投入、技术创新活动和创新成果应用的主体。在规模以上工业企业 R&D 经费投入和开发新产品经费方面，山东省内企业高于浙江、河南和四川，但次于江苏和广东，而且这种差距长期存在。企业获取专利与研发新产品是创新投入的直接结果。尽管山东省内企业的研发费用不低，但是从规模以上企业有效发明专利数量和新产品项目数量来看，山东要远落后于江苏和广东，尤其与广东的差距有进一步拉大的趋势，与研发经费投入形成鲜明对比。这说明山东省创新投入产出效率低，创新驱动能力不足。

5. 民营经济快速发展，但营商环境仍需改善。

从市场主体发育程度来看，2017 年广东省市场主体总量达 1 026 万户，比我省（806.8 万户）多 219.2 万户；我省每万人拥有的企业数量为 166 户，而广东为 290 户，浙江为 283 户，江苏为 280 户。民营经济发展的情况更加不容乐观。2019 年上半年，全省民间投资延续低迷态势，仅增长 0.6%，其中民间制造业投资更是下降 2.6%，显示民营经济活力不足、企业转型意愿依然较弱。在地区生产总值中民营经济增加值方面，我省与粤、苏两省差距都在万亿元以上；在私营企业数量方面，我省有 220.1 万个，只有浙江的一半多；在 2017 年"中国民营企业 500 强"数量方面，我省只有 57 家，不及浙江的一半。

民营经济占据山东省经济的"半壁江山"。截至 2018 年 6 月底，我省实有民营经济市场主体 830.7 万户。民营经济贡献了全省 50% 以上的地区生产总值，60% 以上的投资，70% 以上的税收，占市场主体的 90% 以上。近几年山东省私营企业和个体就业人员数量增长十分迅速，但是绝对规模与广东省和江苏省仍有不小差距。此外，尽管山东省私营工业企业亏损占比长期以来低于其他省份（见图 2-11），但是近两年呈现较快上升趋势，说明仍需注重改善营商环境。

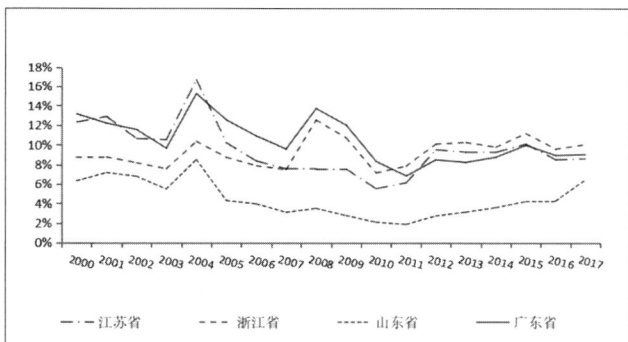

图 2-11　私营工业企业亏损企业占比

（三）人民生活水平不断提高，社会保障压力持续增大

1. 居民收入与消费水平不断提高，但增长速度较为缓慢。

经济发展的目的在于提升居民的生活水平。从居民人均可支配收入（见图 2-12）来看，2018 年山东省居民人均可支配收入为 2.9 万元，位居全国第 9 位，低于浙江、广东、江苏等省份；其增速为 8.45%，增速仅位于全国第 23 位，低于浙江、江苏、四川、广东等省份。从人均消费水平（见图 2-13）来看，山东省也处于较低水平：2018 年为人均 1.88 万元，位居全国第 13 位，低于浙江、广东、江苏等省份；而且河南、浙江、江苏等省份的居民人均消费增长率近两年来一直处于上升状态，但是山东省该增长率近五年来一直处于缓慢下降趋势。

可见，虽然山东省的居民收入和消费水平一直稳健增长，但是收入增长缓慢。而消费能力及高储蓄率的产生则可能是山东省居民消费价格指数上升、收入水平限制、养老等预防性消费需求等所致。

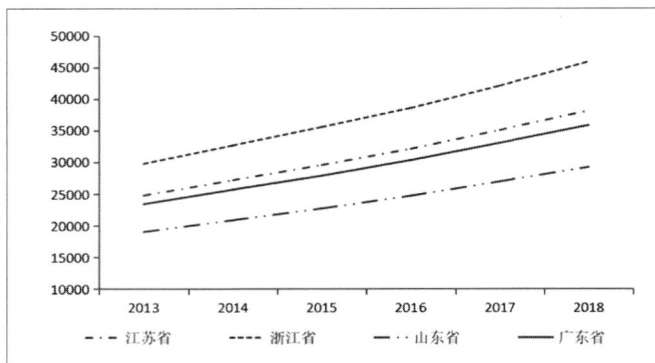

图 2-12　居民人均可支配收入（元）

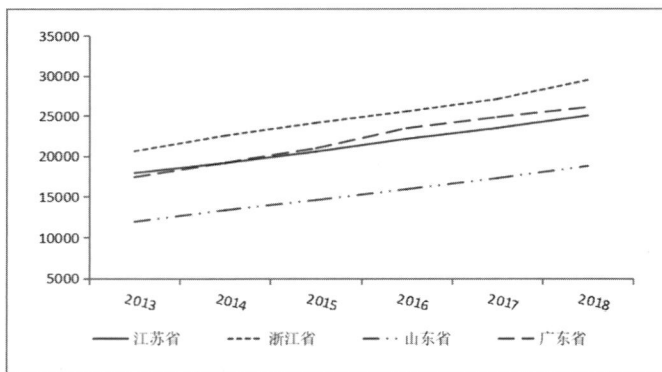

图 2-13　居民人均消费水平（元）

2. 人口大省地位依旧保持，但人口年龄结构不具优势。

2018 年山东省年末常住人口为 1.0047 亿人，位居全国第二，仅次于广东省的 1.1346 亿人。受到生育政策的影响，从 2015 年开始山东省人口出生率呈现快速增长趋势（见图 2-14）。2017 年山东省人口出生率为17.54‰，居全国第一，比广东省高出近 4 个千分点。2017 年山东省人口死亡率为 7.4‰，同样为全国第一。在高人口出生率的作用下，尽管山东省人口死亡率较高，山东省人口自然增长率仍以 10.14‰ 的速度位居全国第三（见图 2-15），略高于广东省的 9.16‰。可见山东省仍然会在较长时期内保持人口大省地位。

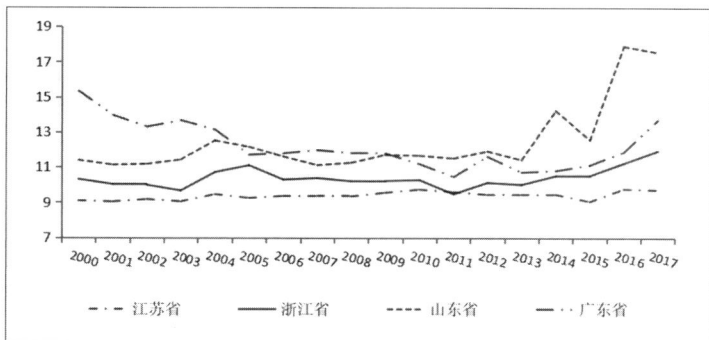

图 2-14　人口出生率（‰）

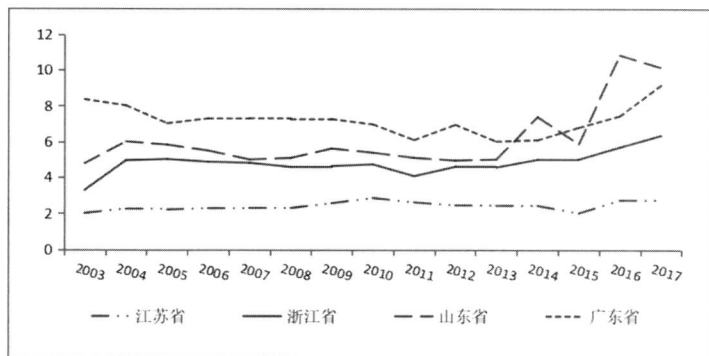

图 2-15　人口自然增长率（‰）

但与此与此同时，山东省人口年龄结构却不具备优势。这表现为山东省人口老龄化严重，劳动力人口占比较低，总抚养比居高。2017 年，与其他省份相比，山东省 15—64 岁人口占比为 69%，低于江苏（73%）、浙江（75%）、广东（75%）、四川（70%），与河南（68%）基本持平，劳动力占比优势不突出。同时，老龄化问题突出。65 岁以上人口占比为 13%，高于浙江（12%）、河南（11%）、广东（8%），与江苏（14%）和四川（14%）

基本持平。

从抚养比（人口总体中非劳动年龄人口数与劳动年龄人口数之比）指标来看，山东省总抚养比居高，且增速较快。2017 年山东省总抚养比为 44.1%，仅略低于河南（46.4%），显著高于江苏（37.7%）、浙江（32.7%）、河南（46.4%）、广东（32.6%）和四川（42.4%）。而且，从 2016 至 2017 年山东省总抚养比从 40% 增长到 44.1%，提高了 4.1 个百分点，涨幅远高于江苏（0.3%）、浙江（0.1%）、河南（1.8%）、广东（0.3%）和四川（0.2%）。

老年人口抚养比（某一人口中老年人口数与劳动年龄人口数之比）同样居高。2017 年山东省老年人口抚养比为 18.6%，高于浙江（16.6%）、河南（15.9%）、广东（10.3%），略低于江苏（19.2%）和四川（19.8%）。尤其是从 2016 到 2017 年，山东省老年人口抚养比增长十分迅速，由 16.3% 增长到 18.6%，增长了 2.3 个百分点，而江苏、浙江、河南、广东、四川相应的涨幅为 0.6、1.2、1.3%、0.1、0.3 个百分点，均显著低于山东省。山东省 17 个设区市中有 12 个市的老年人口比例超过 20%，已进入中度老龄化社会，人口老龄化是山东当前及未来一段时间面临的重大问题。

从少年儿童抚养比（某一人口中少年儿童人口数与劳动年龄人口数之比）来看，其他省份的少年儿童抚养比近几年基本持平甚至个别省份有所下降，但是山东省近些年则显著上升。

综合来看，山东省处于劳动年龄人口比例优势下降、总抚养人口持续上升的时期，社会保障压力不容乐观。从改革开放到 21 世纪初以来，山东经济的快速发展离不开以劳动年龄人口快速增加为特征的"人口红利"。人口老龄化的到来和加剧，使中低端制造业中的劳动力成本优势消失，依靠资源、劳动力成本优势的传统快速增长模式难以为继。

3. 社会保障制度不够健全，社会保障压力持续加大。

山东省社会养老保障制度不健全。人口老龄化的加剧意味着老年人口规模的不断扩张。当前的养老保险制度发展取得了巨大的成就，基本达到居民全覆盖。然而，其中仍存在一些突出的问题，如城乡养老保险服务差异巨大、双轨制导致的不同部门退休人员养老金收入差异明显、养老保险体系在不同区域的发展完善程度不同等。此外，公共财政对老年基础设施、老年公共事业领域的投资不足，老年产业发展不协调，存在薄弱环节，如老年保障性住房存在需求缺口、支持老年产业的科技创新不足等。

商业养老服务滞后。当前养老模式主要以社会养老和家庭养老相结合为主，商业养老服务发展滞后。一方面，从人口红利促进了经济快速增长转为人口老龄化对经济社会形成挑战的过程短、速度快，导致社会对人口老龄化问题的认识不足、准备仓促。因此，以利润为导向的商业养老服务对养老市场认识不足，仍处于发展的起步阶段。另一方面，中国传统的孝文化具有排斥离家养老功能，使得企业发展商业养老的信心下降，多数养老企业"叫好不叫座"。

老龄市场发育不健全、供需错配严重。当前市场上的老年产品和服务对老年消费需求和消费行为独特性考虑不足，甚至出现产能过剩，而真正解决老年人困难的产品和服务严重不足，老年市场存在严重的供需错配。因此，应当以老年需求为导向进行产品设计和开发。

总之，目前看来，山东省人口老龄化的应对措施，包括养老服务体系、老年消费市场、老年产业的发展状况落后于人口老龄化的速度，必须加强养老保障体系的建设和完善，促进老年消费市场的繁荣和发展，加大对老年产业的鼓励和扶持力度，以应对人口老龄化对经济社会发展形成的挑战。

在其他社会保障建设方面，山东省 2018 年教育支出占比达 19.9%，在各项支出中排名第一。在 2019 年预算中，这一比例继续提高到 20.1%。但从目前教育水平看，山东省人均教育经费在全国仍居后列。截至 2018 年 9 月，我省参保人员 9 382 万人，占 2017 年末全省常住人口的 95% 左右。2018 年前三季度，全省职工医疗、居民医疗和生育保险三类医保基金收入 1 155.6 亿元，支出 944.8 亿元。但随着参保面逐步扩大，依靠参保人员增加扩大医保基金的空间越来越小，人民群众对医保的期望越来越高，有限的医保基金增长与不断提升的医保诉求之间的矛盾将会越来越突出。2017 年山东省城镇职工参加养老保险人数已达 2 660.94 万人，五年来年均增长 5%，分别位居全国第四位与第十位。随着人口老龄化加重，我省养老保险等社会保障压力会进一步增加。

（四）区域差距持续缩小，区位优势仍需提高

1. 农村经济发展稳步提升，城乡差距持续改善。

2017 年，在农业基本生产方面，山东省粮食总产量达 4 732.2 万吨，五年年均增长 0.92%。在现代化农业方面，高标准农田建成面积达 4 500 万亩，各类新型农业经营主体为 25.04 万家，五年年均增长 4.62%；土地经营规模化率为 40%，五年累计提高 10%；农业科技进步贡献率达 63.27%；农作物耕种收综合机械化率达 83%，五年累计分别提高 3.27% 和 4.7%。在农民生活水平方面，农村居民恩格尔系数为 28.6，五年累计下降 3%；农村低保覆盖率人数为 185 万，五年累计下降 65.7 万人；农村贫困发生率为 0.3%，五年累计下降 6.9%。农村经济稳步发展。

农业机械化水平稳步提高。从每万人乡村人口拥有农用大中型拖拉机数量（见图 2-16）来看，山东省大中型农业机械化设备拥有量最高，远高于其他省份。从每单位农业产值的农业机械动力耗值来看，山东近些年来该指标持续降低。

以城乡居民人均可支配收入比（见图 2-17）衡量城乡差距，可以看出山东省城乡差距呈现不断缩小的趋势，而且一直低于全国平均水平，但仍高于浙江、江苏等经济大省。

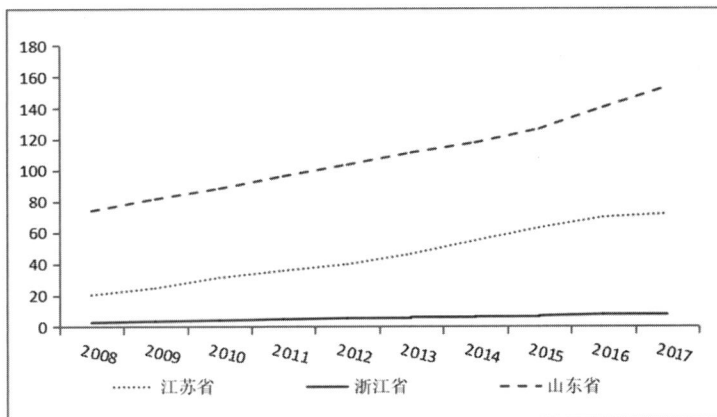

图 2-16　每万人乡村人口拥有农用大中型拖拉机数量（台）

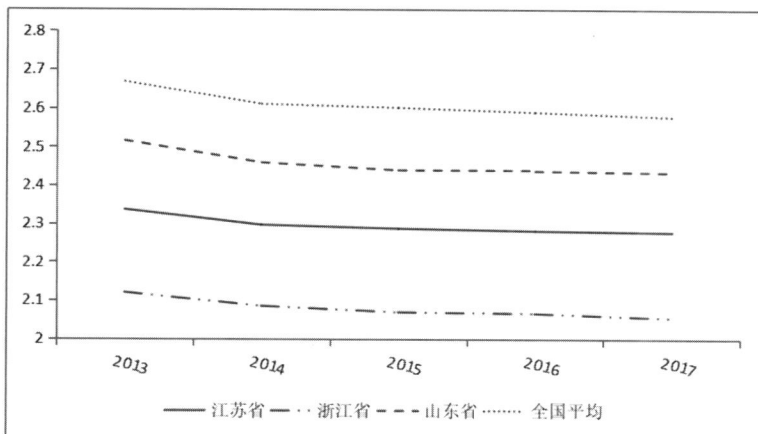

图 2-17　城乡居民人均可支配收入比

2. 城镇化率进一步提高，但地域之间发展差距大。

2019 年，山东省全面取消城镇落户限制，全省常住、户籍人口城镇化率分别达到 62% 左右和 51.5% 左右。随着人口向城市的渐次转移，城镇化率将进一步提高，"十四五"末常住人口城镇化率预计将达到 70%。提高城镇化水平，可以改善城乡经济结构，拓展经济发展空间，促进我省经济良性循环和社会协调发展。

但山东省区域发展水平呈现胶东、鲁中、鲁西鲁北、鲁南梯形结构，存在区域差距矛盾突出、区域产业融合发展程度较低、龙头城市辐射带动作用不足等问题。

泰尔指数可以反映特定省份内各地市之间经济发展差距，其计算公式为：$T_i = \frac{1}{n_i} \sum_{j=1}^{n_i} \ln\left(\frac{\overline{I_i}}{I_{ij}}\right)$。其中 T_i、$\overline{I_i}$、I_{ij}、n_i 分别为省份 i 的泰尔系数、省份 i 指标 I 的均值、省份 i 中 j 地市的指标 I 的值、省份 i 含有的地市个数。该指标越高代表省内各地市之间发展差距越大。可以看出，当以地区生产总值为标准衡量省内各地市区域发展差距时，山东省略低于全国各省平均水平，基本与江苏省持平，而且低于广东、浙江等省份（见图 2-18）。但当以人均地区生产总值为标准衡量省内各地市区域发展差距时，山东省无论是与全国平均水平相比还是与广东、浙江等省份相比，省内区域发展差距较大。山东半岛城市群的构想至今建设不足，一小时经济区的半岛城市组无论是在城市数量方面还是产值规模方面，都要远落后于京津冀和粤港澳大湾区，省内经济内部融合度不够。

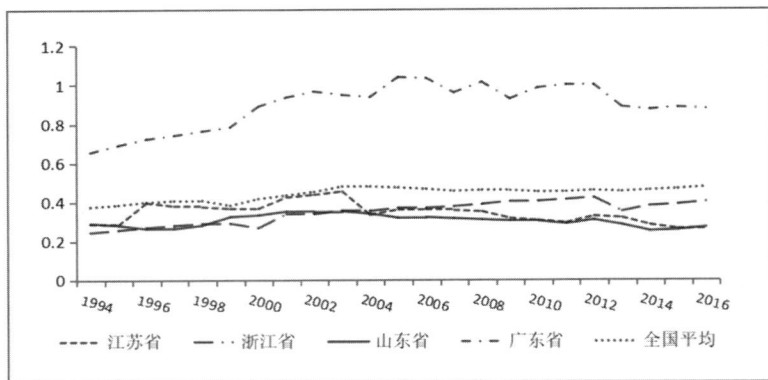

图 2-18　各省内地区生产总值泰尔指数

3.海洋经济不断发展，但优势在不断减弱。

山东是海洋经济大省，海洋经济总产量多年位居沿海省市第二位。但从内部结构来看，资源消耗型产业比重非常高。随着海洋生态环境的恶化、海洋渔业资源的枯竭和劳动力红利的消失，产业发展的天花板效应日益明显。我省海洋农业占比超过 60%，海洋渔业中养殖业和捕捞业占比超过 80%，海洋水产品加工占产值不到 20%。排在第一位的广东，资源型产业产值占海洋经济总产值的不到 30%，技术型产业（如海工装备）、新型产业（如海洋旅游产业）占了 50% 以上。从两省海洋经济增长情况来看，2010 年我省和广东省海洋经济总产值分别为 0.71 亿元、0.84 万亿，仅相差 0.13 万亿。而到了 2017 年，广东省海洋生产总值达到 1.78 万亿元，连续 23 年居全国首位；相比之下，我省海洋生产总值为 1.4 万亿左右，与广东省的差距拉大到 0.38 万亿。不仅如此，海洋生产总值第三、四位的浙江、福建与我省之间的差距越来越小。

二、"十四五"时期黄三角地区发展阶段特征

（一）由增速持续下滑到实现"V型"反转的关键阶段

从国家经济发展大格局来看，黄三角地区位于我国东部沿海发达地区，但从目前我国东部沿海经济区域板块分布来看，北部形成了津京冀一体化、雄安新区经济集聚发展中心，东部形成了长三角宁沪杭一体化经济集聚发展中心，南部形成了粤港澳大湾区经济集聚发展中心，西部则面临郑州、武汉、西安等国家中心城市的强势崛起。相比之下，黄三角地区在产业、技术、资本、市场规模等诸多领域都无法与上述三个经济中心相抗衡，面临着被边缘化的巨大风险。

目前，黄三角地区与发达地区的差距有所拉大，受相邻区域发展的挤压严重，参与国际合作的区位优势减少。"十四五"时期是黄三角地区乃至山东省在全国区域发展格局中去边缘化的关键时期。

因此，"十四五"期间，黄三角地区应充分发挥新旧动能转换重大工程的主导作用，深化供给侧结构性改革，强短板，补弱项，不断优化资源配置，把握经济发展机遇，顺利实现由增速持续下滑向"V型"增长路径的反转。

（二）由竞争优势不突出迈向找准竞争定位的阶段

与其他发达地区相比，黄三角地区在产业结构、发展活力、经济效益等方面仍有差距。在"十四五"期间，黄三角地区应找准竞争定位，确保在社会主义现代化进程中始终走在前列。

（三）由旧动能为主迈向新动能主导的阶段

按照《山东省新旧动能转换重大工程实施规划》，到2022年，黄三角地区基本形成新动能主导经济发展的格局，经济质量优势显著增强，现代化经济体系建设取得重要阶段性成果。"四新"经济增加值占比年均提高1.5个百分点左右，力争达到30%。这标志着"十四五"时期黄三角地区将进入新动能主导的经济发展阶段。

（四）由区域发展不平衡迈向区域协调均衡发展的阶段

在"十四五"阶段，黄三角地区应建立健全区域协调机制，推进基础设施互联互通，加强产业分工协作，借助新型城镇化建设促进区域发展协调互动，把政策帮扶和资源有效利用相结合，实现区域内资源要素共享、基础设施共建、生态环境共治、发展结果共赢。

（五）由资源要素驱动迈向创新驱动的阶段

实际上，从各指标来看，黄三角地区各方面的资源非常优厚，但总体资源利用效率却很低。"十四五"期间是各地政府进一步提升经济发展质量、由资源要素驱动转向创新驱动的关键阶段，应加快推动新兴产业加速崛起、扩容倍增、重点突破，打造先进制造业集群和新兴产业发展策源地，突破一系列技术瓶颈，立足创新驱动，促进新旧动能转换。

三、黄三角高效生态经济区"十四五"时期经济发展的核心动力与爆发点

（一）打造战略新优势

1.升级制造业优势，大力发展工业互联网。

第一，发挥制造业基础优势，加快制造业转型发展。黄三角地区制造业发展迅速，在本省制造业中占有重要地位。经过改革开放以来的发展，黄三角地区已形成基础雄厚、门类齐全的制造业体系，成为山东省国民经济的重要支撑力量。要立足制造业基础优势，克服自身问题和不足，从提高供给质量和效率出发，着力加强供给侧结构性改革。要提高供给结构对需求变化的适应性、灵活性，去产能，降成本，补短板，提高全要素生产率，加快培育发展新动能，改造提升传统动能，推动制造业由追赶型向引领型发展。

制造业是今后一个时期经济转型升级的主要战场，是提高区域竞争能力的主要载体，是加快经济文化建设的关键。"十四五"时期是黄三角地

区打造"制造强国"重要支撑点的关键时期，应聚焦国家先进制造业优先发展的十大重点领域，立足本地现有产业基础，进一步优化产业布局，提升产业优势，补强薄弱环节，扩大产业链延伸领域，培植一批代表中国制造先进水平的骨干产业和重点企业，成为国家级战略产业的强有力支撑力量。要把握世界前沿技术和产业发展方向，立足现有产业基础，集中力量发展壮大新一代信息技术与装备、海洋工程装备和高技术船舶、工程机械等装备制造业，确保在高端智能制造方面处于领先地位，为产业发展提供强有力支撑力量。要围绕构建现代制造业体系，以改造提升现有产业为出发点，立足山东现有产业基础和优势，着力提高新材料、石化、建材、有色等山东优势产业发展水平，与装备制造业一起成为"制造强省"建设的主要支撑力量。

第二，深化工业互联网发展。工业互联网是数字浪潮下工业体系和互联网体系深度融合的产物，是新一轮工业革命的关键支撑力量。世界各国对工业互联网的发展重视程度在不断提升，将其视为抢占新工业革命的先机和塑造未来产业竞争新优势的重要手段。近年来，黄三角地区以两化融合为牵引，全面提升工业数字化、网络化、自动化水平。

一是在"十四五"时期推动工业依托互联网、物联网跨界融合和衍生升级，实现从以产品生产为中心向以服务需求为中心的模式转型。要结合不同产业特点，推进工业延伸服务链条，大力发展工业设计、总集成总承包、个性化定制、全生命周期管理、产品远程故障诊断、远程在线运行维护等新型业态。要加强公共服务平台建设。要依托特色产业集聚区，建设生产性服务业功能区，打造一批生产性服务业公共服务平台。要积极发展专业化社会服务。要发展壮大第三方物流、节能环保、检验检测认证、电子商务、服务外包、融资租赁、人力资源服务、售后服务、品牌建设等生产性服务业，提高对制造业转型升级的支撑能力。

二是推进工业信息基础设施建设，优化规划布局，尽快形成低时延、高可靠、广覆盖的工业互联网络。要加强两化融合公共服务平台建设，建立完善工业云平台和大数据服务平台。要加快互联网与制造业融合创新，推动下一代互联网与移动互联网、物联网、云计算融合联动发展。要鼓励企业利用互联网或工业云平台，发展企业间协同研发、众包设计、供应链协同等新模式，降低资源获取成本，延伸资源利用范围，打破封闭疆界，加速从单打独斗向产业协同转变。要重点推动装备、汽车、家电等行业龙头企业，加快研发设计、智能装备、技术工艺、经营管理、市场营销的综合集成，实现全流程信息共享、实时交互和业务协同。要支持大、中、小企业分工协作，开展上下游之间、跨区域的网络协同、精准营销、品牌推广，共同建立国际化的全球产业链体系。

三是发展基于消费效率提升的个性化定制模式。要充分利用互联网平台和智能工厂建设，积极开展以用户为中心的个性化定制与按需生产，有效满足市场多样化需求，推进生产制造与市场需求高度协同，着力解决制造业长期存在的库存和产能问题，努力实现产销动态平衡。要借助互联网平台，在家电、机械装备、汽车等领域积极发展众创定制，大众发起、参与产品研制，让企业通过搭建模块化、柔性化制造系统进行批量生产和组装定制化产品；在服装、家居建材、日用消费品等领域积极发展深度定制，让用户与企业一对一交互产品设计元素和细节，企业根据用户个性化需求通过柔性生产线进行定制生产。要支持互联网企业整合市场信息，挖掘技术趋势、市场需求、企业运营等价值链大数据，为制造业企业开展个性化定制提供决策支撑。

四是发展智能化生产模式。要加快智能工厂、数字化车间和无人生产线建设，推广智能化新装备，支持石油化工、冶金、建材等行业运用智能成套装备建设智能化生产线，提高产品性能稳定性和管理控制水平。要支持机械、汽车等行业加快采用集散控制、虚拟制造等智能技术装备建设智能化生产单元，提高精益生产水平，推进基础制造装备和专用装备智能化改造。要鼓励机械、纺织、印刷、食品、包装等行业应用先进传感技术、数字化控制系统等先进数控技术，提升现有装备加工效率、生产精度和控制水平。要进一步加快关键岗位机器人应用，支持将工业机器人应用到量大的汽车、电子、家电、医药、轨道等行业和劳动强度大的轻工、纺织、食品、半导体、建材等行业，运用工业机器人替代换岗，提高劳动生产率和产品质量。要支持危险程度高的化工、民爆、煤炭等行业运用安防、排爆、巡检、救援等特种机器人，提高企业本身安全水平。

2. 形成区位新优势，做京津冀与长三角之间的交通枢纽。

一是升级人才吸引政策。面对京津冀和长三角对黄三角地区的"人才虹吸"或"资源虹吸"效应，各地政府应当在"十四五"期间加快升级人才支持政策。《2019年一季度山东省人才流动报告》显示，京津冀和长三角的"人才虹吸"依旧严峻。北京市作为全国唯一的资源分配型城市，其人才吸附力依然最强，人才流向占比为22.41%；江苏作为山东邻省，其流向人数占比已达到15.63%；上海、天津、浙江三省流向占比也较多。总体来看，山东省人才流出多以"就近原则"为主。随着交通的愈发便利及高铁网的逐渐完善，周边省份将逐渐完成对山东外流人才的分割。其次，济、青、烟三市瓜分全省四成人才，黄三角地区人才吸附能力较弱。随着山东省"两圈四区"（济南都市圈、青岛都市圈、烟威都市区、临日都市区、东滨都市区、济枣菏都市区）规划的确定，城市间的人才流动将日益频繁。济、青、烟三市优势明显，其人才吸引指数分别为16.55、11.58和10.21，以上三市"瓜分"了全省近四成人才。而东营和滨州作为黄三角高效生态经济区的重要城市，其人才吸引指数仅为6.31和3.13。面对地区间激烈的人才竞争，黄三角地区应进一步升级人才支持政策，吸引优秀人才在本地就业、创业。

二是打造便利的交通枢纽。黄三角地区北接京津冀，是黄河流域最便捷的出海通道，是环渤海对接长三角的桥头堡。打造更便利的交通枢纽，将有助于放大京津冀的辐射带动作用，提高环渤海地区的一体化发展水平，密切与长三角乃至长江经济带之间的对接合作，推动实现更广范围的区域联系和互动协调。（1）要加快建设海陆交汇枢纽。作为"一带一路"倡议的海上战略支点和新亚欧大陆桥经济走廊沿线重点地区，黄三角地区区位独特，与亚太、中亚、西亚等地区有着紧密的联系。积极参与、深度融入"一带一路"倡议，充分发挥自身在重大基础设施建设方面的产业优势和中日韩地方经济合作中的先行作用，对我国深化沿海地区改革开放，高层次参与全球分工体系，增强对全球资源优化配置能力和利用全球资源推动发展能力，构建完善的对外开放新格局，具有十分重要的意义。（2）要打造综合立体交通运输体系。要依据《山东省综合交通网中长期发展规划（2018—2035年）》，统筹高速公路、铁路、航空、港口、管道等综合立体交通运输体系建设，打造国内一流、具有较强国际竞争力的枢纽机场。

3. 海洋发展建设实现新的突破。

港口发展一体化、港口装备智能化、港口业态高端化、港城发展协同化，将成为海洋经济发展的强大引擎。海洋高端装备制造、海洋生物医药、海水淡化及综合利用等新兴产业初具规模，现代海洋产业体系日益完善。黄三角地区应继续充分发挥自身优势，努力在发展海洋经济方面走在前列，加快建设世界一流的海洋港口、完善的现代海洋产业体系、绿色可持续的海洋生态环境，为海洋强国建设做出贡献，实现《山东海洋强省建设行动方案》规划的 2020 年海洋强省建设取得重大突破的目标，并为海洋大省向海洋强省的战略性转变、建设成与海洋强国相适应的海洋强省奠定坚实的海洋经济基础。

（二）补齐战略短板

要围绕营商环境、创业文化、民生保障等制约黄三角地区经济社会发展的突出短板，加大改革力度，创新供给方式，促进新旧动能转换和经济社会持续健康发展。

1. 推进制度改革，打造良好营商环境。

营商环境既是留住本地投资者的主要因素，也是吸引外地投资者的重要因素。随着商事制度改革不断深化，"办照难""办证难""退出难"

等旧问题渐渐消失，"市场竞争激烈""成本高""融资难"等新问题渐渐浮现。要解决这些新问题，我们应该做到以下几点：一是打破地域分割和行政垄断，清理废除妨碍统一市场和公平竞争的各种规定和做法，同时创新要素市场配置机制，规范发展融资担保、互联网金融、股权融资、要素交易等新业态。二是以落实负面清单为突破口，以降低成本为手段，拓展企业的投资空间。要加快落实负面清单制度，严格落实企业投资项目准入负面清单、行政审批清单和政府监管清单管理，通过负面清单落实民间投资的平等待遇，有效破解"弹簧门""玻璃门""旋转门"等制度性桎梏。要围绕进一步放宽市场准入，简化行政程序，缓解融资难，创新投资模式，增强投资能力，以"建制度、减成本、促融资"为突破口，优化企业的投资环境。三是提升"互联网＋政务服务"系统建设水平。在大数据时代，智慧政务、信用监管是大势所趋。黄三角地区目前依然存在信用系统使用率不高，网上办事系统零散、不好用等问题。要整合电子业务，加快建设数据互通的网上办事平台，向"一网通办"改革目标发力，努力建设好用、易用、爱用的网上办事系统。要强化信用监管，大力推行"双随机、一公开"，建设更可靠的网上信用信息系统。

2. 弘扬创新文化，营造创新创业氛围。

新旧动能转换，无论是新动能引进还是旧动能转型升级，都需要打破保守思想的僵局。在互联网产业如雨后春笋诞生的当下，随着互联网、大数据、云计算等新技术的应用，智能化、数据化的新兴产业崛起，支付宝、滴滴打车等新兴业态诞生。当前，黄三角地区几乎没有产生有较大影响力的互联网企业。这在很大程度上是山东省长期以来的保守思想所致。企业家和创业者墨守成规，缺乏创新思维和敢想敢干精神。要激发企业家创新精神，营造依法保护企业家合法权益的法治环境，营造促进企业家公平竞争、诚信经营的市场环境，营造尊重和激励企业家干事创业的社会氛围，形成保护企业家财产权的社会氛围和制度保障，增强企业家的财富安全感，给企业家吃上创新的定心丸、打上创新的强心剂。要大力倡导和弘扬崇尚创新、鼓励创新的精神，大力提倡敢于创新、敢为人先、敢冒风险的精神，营造全民创新创业的良好氛围。要建立和完善容错机制，形成鼓励创新的氛围，鼓励广大党员干部、政府工作人员等进行制度创新，对成功的制度创新进行奖赏，同时建立创新容错机制，容许各级政府进行"试错性"的制度尝试，建立"负面清单制度"，对于没有规定不能做的事情，要允许企业或个人大胆尝试。

3. 提升社会福利水平，激发居民消费潜力。

钱袋子鼓起来，消费才能"活起来"。当前制约黄三角地区消费升级的因素还有很多，其中居民总体收入水平不高依然是个重要因素。要努力提升居民收入水平，让消费者有更大消费能力，实现从"愿消费"到"能消费"的转变，通过提高社会保障水平，增加社会福利，从整体上提高劳动者的"基础消费量"，提高劳动者的需求保障满足程度，从而提高劳动者的工资水平，缩小劳动者与资本者之间的收入差距，在不断做大社会财富蛋糕、努力增加居民收入的同时，通过更精准的政策措施，不断改善居民消费能力和预期，激发普通居民更大的消费潜能。要进一步激发居民消费潜力，围绕居民吃、穿、用、住、行和服务消费升级方向，突破深层次体制机制障碍，适应居民分层次多样性消费需求，保证基本消费经济、实惠、安全，培育中高端消费市场，形成若干发展势头良好、带动力强的消费新增长点，推动农村居民消费梯次升级，加快农村吃、穿、用、住、行等一般消费提质扩容，鼓励和引导农村居民增加交通通信、文化娱乐、汽车等方面的消费，推动电子商务向广大农村地区延伸覆盖，健全农村现代流通网络体系，优化整合存量设施资源，有效降低农村流通成本。

第三章

黄河三角洲高效生态经济区县域
高质量发展评估报告

段昊　孙锦萍[*]

　　黄河三角洲高效生态经济区是山东省的重要组成部分，是山东践行新发展理念、实现高质量发展的重要区域。截至 2018 年底，黄三角经济区共有 19 个县、市、区；总人口 1 023 万人，占全省总人口的 10.2%；面积 2.73万平方千米，占全省面积的 17.1%；公共预算收入 641 亿元，占全省县区级公共财政预算总收入的 11.4%；对外出口总额 1 113 亿元，占全省出口总额的 11.0%；粮食产量 882 万吨，占全省粮食总产量的 16.6%；蔬菜产量 802 万吨，占全省蔬菜总产量的 9.8%；水果产量 156 万吨，占全省水果总产量的 9.5%；城镇居民可支配收入 37 173 元，略高于全省 36 105 元的平均水平；农民人均纯收入 17 504 元，略高于全省 16 626 元的平均水平。上述数据大致反映了黄三角经济区在全省的地位。为更准确地反映黄三角经济区科学发展状况，我们采用"创新、协调、绿色、开放、共享"五大发展理念的视角评估近年黄三角经济区县域高质量发展状况，供各级政府决策参考。

　　山东大学县域发展研究院秉承服务山东的理念，长期致力于山东县域的调查研究和县域数据库建设，连续多年发布山东省县域科学发展评估结果。本报告基于县域发展研究院县域科学评估体系撰写。评估体系以"创新、

* 段昊，山东大学县域发展研究院讲师；孙锦萍，山东大学经济研究院博士生。

协调、绿色、开放、共享"五大发展理念为基础设计一级指标，并进一步设置了 17 个二级指标和 51 个三级指标。指标设计以习总书记历次讲话以及人民日报和新华社等权威媒体的解读为理论基础，并结合经济学与社会学理论进一步筛选和甄别。2019 年，研究团队采用大数据的研究方法有效扩大了数据来源，将企查查、高德 POI 等一批网站和 API 作为数据来源，采取统计微观数据的方法计算部分指标，提高了数据的广度和可靠性。排名涉及的 51 个指标中有 16 个来自国家统计局的权威年鉴，有 15 个指标来自对各县公开的财政预决算报告的整理，有 2 个指标来自行业协会网站，有 18 个指标来自微观数据库的大数据整合和统计。本次评估范围涵盖了全国 1 862 个县市，涉及黄三角经济区共 13 个县市。

第一节 黄河三角洲高效生态经济区县域综合发展评级状况

本研究的排名体系由各县市的各项指标在全国的纵向表现决定。每项指标根据各项表现在全国位置分为 A+ 到 E 共 14 级。

表 3-1 等级与分位数对照表

等级	A+	A	A-	B+	B	B-	C+	C	C-	D+	D	D-	E+	E
分位数	99	95	90	80	70	60	50	40	30	20	10	5	1	0

黄三角经济区县域综合发展水平呈现较大差异，既有像寿光市、莱州市、广饶县这样发展程度较高，达到全国 A 级水平的县市（全国排名前 10%），也有像高青县、惠民县这样发展水平相对落后，位于全国中游水平的县市。在黄三角经济区中综合发展水平最高的为寿光市。寿光市在评估的五个方面都居于区内领先地位，在全省参与评估的 81 个县市中排名第 7。从整个经济区在全省的表现来看，其综合发展水平处于全省第二梯队，落后于胶东半岛地区；从整个经济区内部发展来看，东部的寿光、昌邑、莱州等县市的综合发展水平要高于乐陵、惠民、庆云等县市。

黄三角经济区内各县市的内部发展水平也呈现了发展的不平衡性。区内产业结构偏向重化工业，大气、水、土壤污染压力均较大，绿色发展水平位于全国中游以下。例如，莱州、邹平等县市各方面发展水平均较高，但绿色发展水平不足，影响了总体表现。

要提升黄三角经济区的综合发展水平，需加强区域间协调管理，引导各县市产业结构优化提升，优化重点项目在区域内的布局，提高环保工作力度，提升绿色发展水平，实现五大发展理念指导下的均衡发展。同时，各县市发展水平差距较大，所以要发挥寿光、莱州等县市的带头作用，引导区域内港口、铁路等基础设施资源优化提升，优化区域内土地利用，推动区域内产业结构优化与技术转移，使整个黄三角经济区成为联系更加密切的经济体，不断推动区内平衡发展。

表 3-2　黄三角经济区县域综合发展水平评级

县区	地级市	综合等级	全省排名	创新	协调	绿色	开放	共享
高青县	淄博市	C+	63	B	B	D	B-	B+
利津县	东营市	B	48	B	B+	D+	C+	B+
广饶县	东营市	A-	22	B+	A-	C	B+	A
莱州市	烟台市	A	11	A-	A-	D+	A	A
寿光市	潍坊市	A	7	A	A	C	A	A
昌邑市	潍坊市	B+	25	B+	A-	D	A-	B
庆云县	德州市	B	43	B-	B+	C+	B	B-
乐陵市	德州市	B-	53	B+	C	C	B	B
惠民县	滨州市	C+	70	B+	C	D+	B+	B+
阳信县	滨州市	B	51	B-	B+	D+	B+	B
无棣县	滨州市	B	35	B+	B+	D	B+	B
博兴县	滨州市	B+	26	B+	A	D+	B+	A
邹平市	滨州市	B+	28	A-	A-	D	B+	A

第二节 黄河三角洲高效生态经济区县域创新发展能力

黄三角经济区的创新能力处于全省中游水平。其中寿光市、莱州市与邹平市创新能力居全省前列；庆云县和阳信县创新能力稍弱，无论从高新企业数量还是专利产出都较少。

从创新的具体指标来看，寿光市远远领先于区内其他县市。寿光市专利存量达到 12 867 件，有 3 家企业进入全国工业企业 500 强，有 73 家企业通过科技部火炬中心高新技术企业认定。尽管寿光市处于全省创新第一梯队，但其创新能力与全省领先的胶州市和莱西市仍有一定差距。胶州市与莱西市发明专利存量分别达到 8 132 和 10 849 件，相比之下，寿光市只有 3 133 件。若与位于全国创新能力前列的昆山、江阴、太仓、张家港相比，黄三角经济区差距更为明显。仅昆山市专利存量就达到 158 486 件，约是黄三角整个区域专利存量总和的三倍。

黄三角县域创新能力较弱与区域内高新技术企业数量不足有关。从数据分析结果来看，高新企业技术数量与发明专利数量的相关系数高达 0.96。黄三角经济区内除寿光市高新技术企业数量较多外，其他县市高新技术企业数量均较少，比起省内先进的胶州市（321 家）与平度市（153 家）有较大差距，与国内领先的昆山（906 家）、张家港（429 家）等县市更不可同日而语。

从产业结构来看，黄三角地区大量企业集中在能源化工等重化工业，创新难度大，转型压力较大。黄三角地区需要从推动产业结构入手提升创新能力，鼓励经济效益不好的重化工业企业向多元化经营转型，鼓励传统企业投资高效农业等新兴产业。例如，区域内发展程度最高的寿光市既有以羊口镇为代表的重化工业基地，也发展了在全国具有示范性的现代高效农业，并且依托现代农业形成上下游产业链，建成多种农产品国家标准中心，掌握了农产品市场的话语权，产业发展前景良好，发展后劲十足。黄三角经济区其他县市也有大量的民营传统企业已经试图转型。例如，博兴县的京博集团近年来大力发展高效农业，带动昌艺镇及周边区域发展规模化、集约化的现代农业，已经取得了初步成果。山东省政府及黄三角经济区各级政府应当鼓励和支持企业向绿色高效生态的产业方向转型升级，提升传统能源石化工业的集聚度、科技水平与市场领先度，加大产业多样化，培育具有核心竞争力的新兴产业，提升整个区域的创新能力与竞争力。

表3-3　黄三角经济区县域创新能力等级及主要创新指标

县市	创新等级	发明专利存量	专利存量	工业企业500强数量	高新技术企业数量
高青县	B	617	1 584	0	7
利津县	B	279	1 292	1	9
广饶县	B+	1 289	5 859	3	31
莱州市	A-	1 652	5 668	0	29
寿光市	A	3 133	12 867	3	73
昌邑市	B+	1 303	4 035	0	17
庆云县	B-	261	1 065	0	5
乐陵市	B+	682	3 359	0	16
惠民县	B+	540	2 034	0	9
阳信县	B-	185	1 751	0	6
无棣县	B+	524	2 507	0	16
博兴县	B+	1 097	4 415	5	11
邹平市	A-	1 255	8 268	3	26

第三节　黄河三角洲高效生态经济区县域协调发展能力

　　黄三角经济区县域协调发展总体状况较好。其中寿光市、博兴县、广饶县、莱州市、邹平市协调发展程度均进入 A 级，位列全国协调发展前

10%，但区域内也有协调发展程度较低的乐陵市和惠民县。

　　从协调发展的几个重要指标来看，黄三角经济区内存在着发展不协调的问题，值得引起注意。其中，无棣县、邹平市和高青县企业所得税占财政收入比重较低，反映了企业对公共财政收入的贡献有限。没有长期健康发展的企业，区域财政收入压力就会较大。除此之外，区域内高青县、昌邑市、阳信县存在着较严重的依赖土地财政的问题，国有土地使用权转让收入均超过公共财政收入。随着全国房地产市场趋于平稳，县域房地产市场下行压力较大，并且随着2020年《土地管理法（修正案）》的实施，土地价格很难像过去那样出现快速上涨的情况。若县域财政收入依赖土地转让收入，未来财政可能会入不敷出，甚至出现城投债违约、城市投融资平台破产的情况。从区域发展平衡程度来看，黄三角经济区内除邹平市人均地区生产总值高于其所属的滨州市城区外，其他县市人均地区生产总值均低于其所属的地级市市辖区，其中利津县、乐陵市、惠民县、阳信县的人均地区生产总值均不足地级市市辖区的一半，显示了黄三角经济区城市内发展的不平衡。从县城人口比例来看，黄三角经济区除邹平市外，大多数县域人口集中度不高。其中无棣县、高青县、利津县县城人口仅占本县人口的1/4左右。黄三角经济区自身吸引人口能力较差，人口密度相对不高。若在县城没有高比例的人口聚集，县域就难以发展规模性的服务业，不利于县域产业升级转型。

　　黄三角经济区协调发展程度，特别是财政税收的协调发展程度需要进一步提升。一方面要提高企业经营效益，使企业税收构成地方财政收入的主要税基；另一方面，要不断降低对土地财政的依赖，避免县域财政受房地产市场下行影响而陷入财政危机。同时，区域内要特别注重提升县城的人口聚集度，构建以县城为主要聚居区的空间居住形态，提升县城基础设施和公共服务，提升居住品质，将县城打造成带动全域产业升级转型的增长极。

表 3-4　黄三角经济区县域协调发展能力等级及主要指标

县区	协调等级	企业所得税占公共财政收入比重	国有土地使用权出让收入与公共财政收入比例	财政收入占地区生产总值比重	与地级市人均地区生产总值比值	县城人口比例
高青县	B	4.05%	105.32%	6.30%	54.86%	25.54%
利津县	B+	15.91%	75.44%	4.66%	47.27%	25.97%
广饶县	A−	5.64%	11.70%	4.72%	75.97%	31.70%
莱州市	A−	8.27%	8.57%	7.59%	55.82%	40.00%
寿光市	A	8.50%	45.17%	10.42%	83.63%	30.93%
昌邑市	A−	7.92%	259.66%	6.95%	89.86%	30.20%
庆云县	B+	6.23%	41.15%	3.91%	66.00%	43.97%
乐陵市	C	6.59%	数据缺失	4.28%	49.88%	35.21%
惠民县	C	7.83%	数据缺失	5.13%	40.22%	16.49%
阳信县	B+	18.50%	105.96%	6.64%	41.32%	35.11%
无棣县	B+	3.37%	39.96%	9.83%	79.74%	22.16%
博兴县	A	4.98%	37.11%	15.99%	86.65%	35.30%
邹平市	A−	4.15%	84.61%	7.55%	159.71%	47.43%

第四节　黄河三角洲高效生态经济区县域绿色发展能力

　　黄三角经济区绿色发展水平居全省中游水平，显著落后于胶东半岛地区。经济区内庆云县、广饶县和寿光市总体绿色发展程度较高，而高青县、昌邑市、无棣县、邹平市绿色发展程度较低。

　　从反映绿色发展程度的各个方面来看，黄三角经济区总体污染程度较高，寿光、莱州、邹平等多个县市土壤污染相对严重。黄三角经济区各县市平均污染地块数量为 3.76 个，显著高于全省 2.43 的平均水平。区域内水污染问题也相对突出。区域内企业 2018 年排污超标 5 991 次，超标排污问题较为突出。区内空气污染相对胶东半岛较为严重。各县市年均空气质量指数为 91，而胶东地区的荣成、乳山等地年均空气质量指数均低于50。黄三角区域空气质量仍有很大提高空间。从土地使用效率来看，黄三角经济区总体土地利用效率居全省前列，除阳信县、庆云县等个别县市建设用地效率相对偏低外，其他县市建设用地利用效率极高，显著高于全省的每平方千米 12 亿元增加值的平均水平。从县城人口密度来看，庆云县、乐陵县等县表现较好，实现了县城人口相对集中居住，城市空间利用效率较高。从污水处理能力、建成区排水密度等环境基础设施来看，黄三角经济区处于全省中游水平，未来仍有很大提升空间。2017 年，黄三角经济区各县人工造林 823 公顷，高于全省平均每县 790 公顷的平均水平。黄河三角洲土地盐碱化程度较高，获得此成绩实属不易。2019 年，经济区内各县环境保护平均支出 1.6 亿元，高于省内其他地区平均 1.2 亿元的水平。

黄三角经济区生态环境脆弱，而产业结构又偏重化工业，环境保护压力较大，污染程度较高，需要进一步加大对环境污染的治理。经济区内各级政府对环境保护非常重视，加大了环境保护投入力度，环境污染状况逐年好转。黄三角经济区要继续以绿色发展理念为指导，加大环境保护治理力度，不断推动产业结构转型，走绿色可持续发展道路。

第五节 黄河三角洲高效生态经济区县域开放发展能力

黄三角经济区县域开放等级处于全省中游位置，落后于胶东半岛地区，好于鲁西南地区。经济区内寿光市、昌邑市、莱州市开放程度较高，利津县、高青县开放程度较弱。

相比开放程度较高的胶东半岛地区，黄三角经济区缺乏深水良港，铁路运输相对落后，区位劣势明显。黄三角经济区企业以内资为主，即使外资企业数量最多的莱州市也仅有 97 家外资企业，区内大多数县市外资企业数量不超过 10 家。胶东地区的胶州市、平度市等县市均有数百家外资

表 3—5 黄三角经济区县域绿色发展能力等级及主要指标

县市	绿色等级	污染地块数量（块）	排污超标次数（次）	年均空气质量指数	建设用地使用效率（万元/平方千米）	县城人口密度（人/平方千米）	处理能力（万立方米/日）	建成区排水管道密度（千米/平方千米）	人工造林（公顷）	节能环保支出（万元）
高青县	D	2	334	91	124 758	963	8	13.38	133	6 895
利津县	D+	1	227	85	164 908	605	6	12.53	2 288	12 842
广饶县	C	4	442	85	296 820	1302	7.5	9.25	956	12 471
莱州市	D+	6	683	68	133 027	923	5	8.43	400	27 058
寿光市	C	13	378	86	188 805	1 036	23	21.98	273	49 032
昌邑市	D	2	1 844	91	171 506	1 485	14	8.78	237	12 466
庆云县	C+	2	157	66	57 494	3 611	4	6.57	1 067	6 182
乐陵市	C	2	265	67	64 273	2 535	6	6.65	1 337	18 491
惠民县	D+	2	278	91	83 729	1 860	6	14.34	954	9 099
阳信县	D+	1	135	85	46 367	2 089	3	7.9	654	19 899
无棣县	D	3	157	85	89 465	905	3	10.26	1 606	17 163
博兴县	D+	2	131	90	96 274	1 783	8	10.59	536	10 433
邹平市	D	9	960	91	147 019	1 919	暂缺	7.32	260	8 939

企业。同时，黄三角经济区缺乏知名旅游资源，自然环境也不利于发展休闲康养产业，因而星级和涉外酒店数量较少，与胶东地区有较大差距。

随着各级政府深入对接"一带一路"倡议和加大对外开放战略的实施，黄三角经济区的区位劣势正在逐渐扭转。第一，黄三角经济区距离中蒙、中俄、中哈等边界口岸较近，发展与"一带一路"沿线国家贸易有一定的成本优势；第二，省政府对山东港口进行了整合优化，改变了以往黄三角经济区沿岸渤海港口竞争大于合作的态势，明确了港口分工，促进了渤海沿岸航运良性发展；第三，区域通用机场的建设，京沪二线铁路工程的实施，济南国际机场的扩建，潍坊新机场的建设，一系列重大基础设施工程的实施，正逐步打破黄三角经济区的交通瓶颈。未来黄三角经济区有望发展成为铁路、空运、海运三方面优势并存的重要交通节点，成为山东对外开放的新高地。

黄三角经济区各级政府应当树立开放发展的意识，加大对外招商引资力度，引导区内企业拓展"一带一路"沿线国家市场，主动规划城市空间布局和本地产业对接区域重大基础设施建设，使开放成为未来发展的重要动力。

表3-6 黄三角经济区县域开放发展能力等级及主要指标

县市	开放等级	外商投资数量（在业＋存续）	星级酒店总数	最近的机场
高青县	B–	6	5	济南遥墙国际机场
利津县	C+	4	2	东营胜利机场
广饶县	B+	7	8	东营胜利机场
莱州市	A	97	12	潍坊机场
寿光市	A	35	13	潍坊机场
昌邑市	A–	28	8	潍坊机场
庆云县	B	1	5	济南遥墙国际机场
乐陵市	B	7	3	济南遥墙国际机场
惠民县	B+	2	6	济南遥墙国际机场
阳信县	B+	5	6	济南遥墙国际机场

续表3-6

县市	开放等级	外商投资数量 （在业＋存续）	星级酒店总数	最近的机场
无棣县	B+	6	5	东营胜利机场
博兴县	B+	5	12	东营胜利机场
邹平市	B+	8	5	济南遥墙国际机场

第六节 黄河三角洲高效生态经济区县域共享发展能力

黄三角经济区总体共享发展程度处于全省中游水平，经济区内部共享发展程度差距较大，寿光市、广饶县、莱州市、博兴县、邹平市等县市共享发展程度居全省前列，庆云县、乐陵市、阳信县、无棣县共享发展程度相对落后。

从共享发展的具体指标来看，区域内总体城乡差距较小。黄三角经济区农业人均地区生产总值为 6 201 元，高于全省其他县市平均 5 097 元的水平。区内的寿光市农业发达，农业人均地区生产总值达 10 740 元，是全省平均水平的近两倍，而博兴县、无棣县、阳信县农业人均地区生产总值较低。区内人均居民储蓄存款为 35 429 元，高于全省 31 973 元的平均水平。从医疗、社会福利和社会保障、公共基础设施各项指标来看，黄三角经济区各县市平均水平与全省平均水平持平或略高于全省平均水平。

尽管黄三角经济区总体共享发展水平较好，但区域内呈现了较大的差异性。黄三角经济区应当发挥寿光市的龙头作用，学习推广寿光市农业发展的经验，提升农业科技化水平，促进农业生产规模化，提升农民素质和专业化水平，提高农民收入，缩小城乡差距。寿光市的农业发展被习总书记归纳为"寿光经验"，值得全省学习与推广。黄三角经济区共享发展基础较好，未来应当继续加大城乡协调发展力度，不断提升农村人居生活环境和农民收入，将整个区域打造为省内共享发展的典范。

表3—7　黄三角经济区县域共享发展能力等级及主要指标

县市	共享等级	农业人均地区生产总值（元）	人均居民储蓄存款（元）	万人医疗卫生机构床位数（个）	万人各种社会福利收养性单位床位数（个）	万人医疗保障支出（元）	万人社会保障支出（元）	万人住房保障支出（元）	人均道路面积（平方米）	人均公园绿地面积（平方米）
高青县	B+	6 285	30 590	38	23	536	1 230	245	26	22.15
利津县	B+	7 215	30 066	29	48	865	1 237	142	27	25.7
广饶县	A	8 714	48 144	49	31	694	988	174	19	15.4
莱州市	A	6 653	57 164	82	57	726	1 888	91	20	14.32
寿光市	A	10 740	42 820	54	63	555	1 375	111	22	24.69
昌邑市	B	5 409	51 122	33	36	564	1 000	290	20	18.32
庆云县	B—	4 590	24 631	37	40	369	583	333	17	14.47
乐陵市	B	5 231	22 925	28	30	347	950	335	28	13.82
惠民县	B+	5 491	20 501	44	38	390	1 150	541	29	12.84
阳信县	B	4 354	19 741	34	67	437	940	156	23	9.84
无棣县	B	4 420	26 246	38	17	497	930	181	34	14.59
博兴县	A	3 552	45 387	58	69	720	1 316	329	22	10.73
邹平市	A	7 959	41 236	51	3	850	1 329	387	29	15.14

第七节 结束语

黄河三角洲总体开发战略自 1988 年提出以来已有 32 年，国务院 2009 年正式批复《黄河三角洲高效生态经济区发展规划》也已有 11 年，但总体来说，黄三角经济区的发展仍差强人意。黄三角经济区在山东未起到增长极的作用，更无法带动黄河流域经济发展。第一，在黄三角经济区发展过程中，东营市未起到龙头作用，未能全面带动周边区域发展。东营市因为胜利油田的存在，人均地区生产总值居全国前列。但东营市人口较少，除石油炼化及相关配套产业之外，其他产业发展不足。尽管东营石油炼化产业的辐射带动了周围区域能源化工产业的发展，对促进当地经济发展来说功不可没，但它使周围产业结构锁定于石油炼化产业链，导致区域经济受国际能源市场价格波动影响明显，产业转型难度较大。第二，黄三角经济区基础设施也未实现一体化。相比胶济铁路沿线城市，黄三角经济区交通基础设施建设滞后，基础设施未能在区内起到有机联系各县市的作用。尽管经济区离北京、天津和济南等中心城市很近，但高铁等公共交通欠发达，导致区域吸引人才的能力较差。第三，黄三角经济区管理体制分散，产业发展缺乏协调与分工。黄三角经济区的管理范围跨越了六个地级市，各市之间竞争大于合作。以盐化工产业为例，区内多个县市均有大型盐化工企业，竞争明显，未能形成区域协同发展优势。

黄河是中国的母亲河。从中央到地方各级政府始终高度重视黄河流域的发展。2019 年，黄河流域生态保护和高质量发展座谈会在河南郑州召开，习近平总书记在会议上指出："推动黄河流域高质量发展，要从实际出发，宜水则水、宜山则山，宜粮则粮、宜农则农，宜工则工、宜商则商，积极探索富有地域特色的高质量发展新路子。"黄河三角洲作为万里黄河的入海口，东营市作为沿黄人均地区生产总值最高的城市，未来在黄河流域经济发展中应起到带头作用。与长江不同，黄河下游不能通航。黄河并不能像长江一样起到沟通沿河城市的黄金水道作用。上级政府要大力推动基础设施建设，推动区域内交通基础设施一体化，真正使黄三角经济区形成有机的、密切的人流和物流联系。黄三角经济区的发展需要回归高效生态的发展初衷，把绿色发展作为三角洲地区发展的首要任务。区内县市要深入贯彻省委省政府新旧动能转换的战略部署，加快产业升级转型的速度与力度，不断提升发展质量，坚定不移地走科学发展的道路。

/ 第四章 /

黄河三角洲高效生态经济区城镇化
高质量发展研究

郭籽萌　李少星　任立英[*]

第一节 黄三角地区推进城镇化高质量发展的相关背景与形势

一、推进城镇化高质量发展的相关背景

党的十九大报告指出："我国经济已由高速增长阶段转向高质量发展阶段。"2018 年中央经济工作会议把"高质量发展"进一步明确为"新时代我国经济发展的基本特征"。实现高质量发展需要方方面面来支撑。城镇化发展质量，毫无疑问是支撑高质量发展的重要方面。改革开放以来，我国经历了世界历史上最快速的城市化发展历程。2013 年 12 月，中央城镇化工作会议召开。2014 年，《新型城镇化规划（2014—2020）》由党中央、国务院发布。党中央、国务院从中国城镇化和经济社会发展的现实出发，坚持推进以人为核心的新型城镇化。新型城镇化能否顺利实施，不仅关系到城镇化自身的质量提升和可持续发展，也关系到推动中国经济由高速增长阶段向高质量发展阶段的转型升级，更关系到十九大报告提出的新时代

---

* 郭籽萌，山东大学博士研究生；李少星，山东大学副教授、硕士生导师；任立英，山东大学讲师。

"两阶段目标"的实现，尤其是对实现第一阶段目标，即至 2035 年基本实现社会主义现代化、基本实现美丽中国具有决定性的意义。

在短短 40 年内，我国城镇常住人口达到了 7.9 亿；城市化率达到了 57.4%，平均每年提高一个多百分点；城镇建成区面积不断扩大，达到 10 万平方千米，其中城市建成区面积达到 5 万平方千米。但我国城镇化发展过度依赖低成本的资源进行扩张，导致城镇化发展质量滞后。城镇化发展中"重面子轻里子""重地上轻地下""重硬件轻软件""重短期轻长期"等问题突出，造成城市功能不完善、不协调。城市地下空间普遍缺乏统一规划和有效利用。城市基础设施建设滞后，城市公共事业投入严重不足。一些大城市、超大城市交通拥堵，环境污染严重，住房紧张，空间拥挤，安全风险高，生态空间不足。我国城镇化过程中存在的问题和矛盾如果得不到很好解决，势必影响城镇化健康有序发展。转变城镇化发展方式，提高城镇化发展质量，是当前摆在我们面前的一项重大而紧迫的任务。

全面提高城镇化发展质量是转变发展方式、优化经济结构、转换增长动力的必由之路。中国新型城镇化高质量发展是一种人地和谐、高效低碳、生态环保、节约创新、智慧平安的质量提升型城镇化，是高质量的城市建设、高质量的基础设施、高质量的公共服务、高质量的人居环境、高质量的城市管理和高质量的市民化的有机统一。推进新型城镇化高质量发展是国家实现基本现代化的必由之路，决定着中国城镇化发展的未来。新时代中国的经济发展正在由高速增长阶段转为高质量发展阶段。相应的，城镇化发展正处在由中期快速成长阶段向后期质量提升阶段转变的过渡期，也处在城镇化由低质量发展向高质量发展迈进的关键转型期。为了实现这一战略转型，中央城镇化工作会议、党的十九大等连续提出要着力提高新型城镇化发展质量，走绿色、集约、高效、低碳、创新、智能的新型城镇化高质量发展道路。这既是对建设社会主义现代化强国做贡献，也是对构建人类命运共同体做贡献。推进中国新型城镇化高质量发展是实现乡村振兴战略的重要路径，更是实现中华民族伟大复兴的中国梦的战略手段。

二、城镇化高质量发展的形式

城镇化的高质量发展的形式围绕城镇化的发展而设定。张春梅（2012）、刘静玉等（2013）认为，城镇化高质量发展就是城市经济和社会服务功能增强，基础设施不断完善，生态环境改善，居民生活质量和生活环境质量提高，城乡差距逐渐缩小，趋向城乡一体的终极目标；宴玲菊（2014）认为，提升城镇化的质量需从提高城镇化效率与增进社会福利两方面着手，并从规划、人口、产业、土地、经济、住房等六个方面提出提升中国城镇化质量的路径；王丽艳等（2016）认为，新型城镇化建设应坚持以人为本的发展理念，以提升幸福感为导向，通过区域城乡统筹与协调发展、产业升级转型、集约利用与低碳经济以及生态文明来提升其发展质量。

方创琳（2019）认为，推动新型城镇化高质量发展，是对中国经济高质量发展的重要支撑，也是当前和今后一个时期中国新型城镇化发展的根本指针。过去70年中国传统城镇化发展已经初步解决了"快不快"的问题，新时代背景下的新型城镇化突出强调高质量发展，根本在于解决城镇化质量"高不高"、城乡居民"满意不满意"等关键问题，要走低资源消耗、低环境污染、低碳排放、高综合效应的集约型发展道路。新型城镇化高质量发展的内涵可以概括为高质量的人口市民化、高质量的经济城镇化、高质量的社会城镇化、高质量的人居环境和高质量的基础设施的有机统一。

高质量的人口市民化要求农村非农业人口有序市民化，不断提升城乡居民的教育、科技、文化和道德素质，不断增加就业岗位和就业机会，培养新时代社会主义现代化建设的新市民。

高质量的经济城镇化水平要求工业增加值和人均固定资产投资在适当范围内增加，不断提高城镇居民的人均消费和可支配收入，人均地区生产总值持续增加。

高质量的社会城镇化要求建成均等化的基本公共服务设施，居民老有所养，病有所医，建成完善的养老服务设施、便捷的医疗服务设施、现代化的教育培训设施、高效的科技创新设施以及健全的社会保障设施和金融保险等其他公共服务设施。

高质量的人居环境要求优化城市生态和生产生活空间，建设宜居宜业的生态城市和低碳城市，城市环境污染得到全面治理，实现城市的碧水蓝天白云，城市人居环境质量得到全面提升。同时，在城市建设过程中，要采用现代化的技术特别是绿色建筑节能技术等推进建设紧凑城市、精明城市、绿色城市和智慧城市，提升城市基础设施、公共服务设施建设的等级、标准、智能化程度、共享化程度和运行效率。

高质量的基础设施要求实现城乡基础设施建设的一体化、智能化和自动化，城市基础设施配置与进城人口相匹配，乡村基础设施建设与农业现代化相适应，不断提升城乡基础设施运行效率与互联互通水平。同时，城市管理要更加科学、有序、高效，相关法律法规制度要健全，城市管理信息化程度和智能化程度要全面提升，交通拥堵、环境污染等城市病问题要通过高效的城市管理逐步缓解直到根除。

三、黄三角地区城镇化发展的省内背景

近年来，山东省推进新型城镇化的力度、深度和广度前所未有。山东省注重统筹实施新型城镇化和乡村振兴两大战略，科学运用底线思维和创新驱动两个办法，更好地发挥政府和市场两大主体作用，坚持系统推进与试点探索两种路径，优化载体培育与协同两大形态，培育增强内生和外生两大动力，推动全省城镇化工作取得显著成效。山东省新型城镇化发展的"山东特色"日益鲜明：城乡一体化进程持续加快；城镇化高质量发展步伐加快；城镇化空间形态更加合理。当前山东省新型城镇化正处于快速发展的中后期阶段，城镇化率连续多年较快增长，农业转移人口市民化质量、县域城镇化综合实力、城市基础设施供给水平等均处于全国前列。

具体来看，结合新型城镇化高质量发展的内涵——高质量的经济城镇化、高质量的社会城镇化、高质量的人居环境和高质量的基础设施，我们分别选取如下指标对山东省城镇化质量进行分析：经济城镇化方面，选取

工业增加值、人均可支配收入、城镇居民人均消费、人均地区生产总值为
代理指标；社会城镇化方面，选取万人拥有医疗机构床位数、万人拥有医
生数、城镇居民恩格尔系数为代理指标；人居环境方面，选取人均城市建
设用地、万元地区生产总值电耗、二氧化硫排放量、污水处理率为代理指
标；基础设施方面，选取人均城市道路面积、人均公园绿地面积为代理指标。
我们还选取2008—2017年山东省相关数据作为分析工具。研究目的是观
察城镇化质量的变化发展趋势。因此，我们对各个数据分别进行标准化处
理，使各个指标适合在相应的趋势图中观察，进而对山东省城镇化发展质
量进行分析。

　　分析结果见图4-1至4-5。随着新型城镇化的大力推进，近十年山东
省不仅在人口市民化水平、经济城镇化水平、社会城镇化水平以及基础设
施建设水平方面都有了持续的显著提高，在人居环境水平上，更是有了长
足的进步。特别是2010年之后，在城市建设过程中，山东省对环境保护
明显更加重视，二氧化硫排放量和废水排放强度都有了大幅降低，而污水
处理率也有了显著的提高。

　　当前，山东省围绕"全面深化改革开放，聚焦聚力高质量发展"，全
面实施新旧动能转换重大工程，创建了全国首个新旧动能转换综合试验区。
对于处在转型发展关键期的山东而言，综合试验区的设立，开创了一条依
赖"四新"谋发展的新路径。

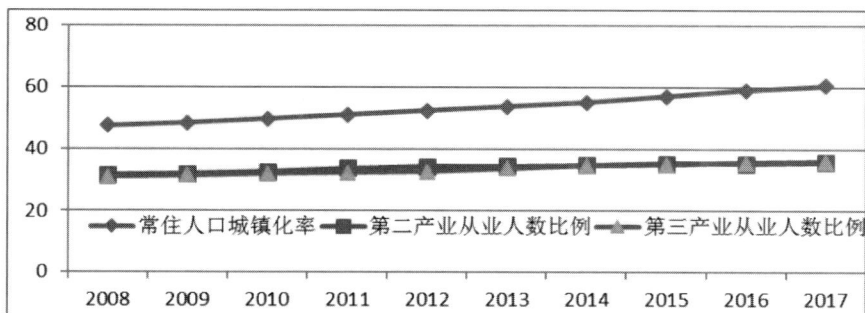

图4-1　山东省人口市民化水平（％）

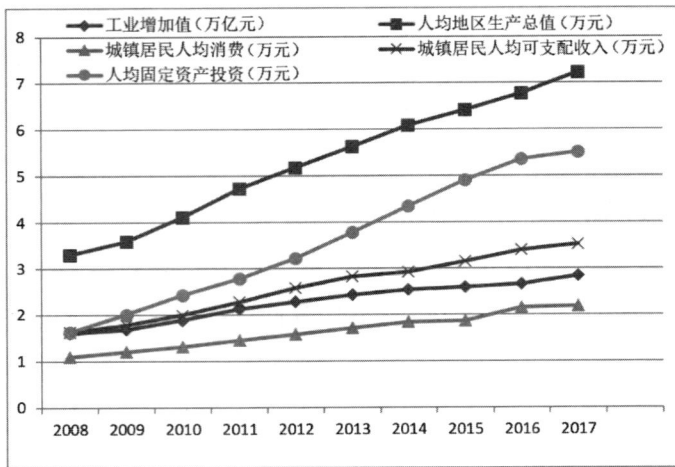

图 4-2　山东省经济城镇化水平

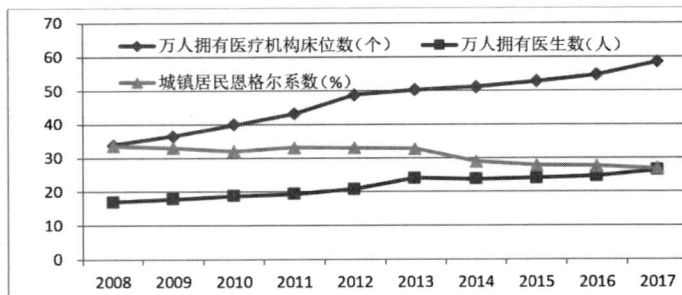

图 4-3　山东省社会城镇化水平

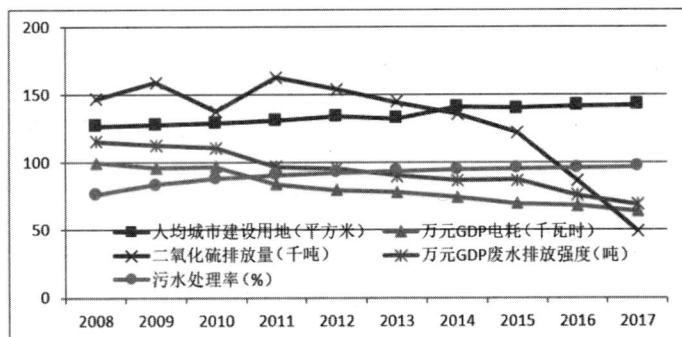

图 4-4　山东省人居环境水平

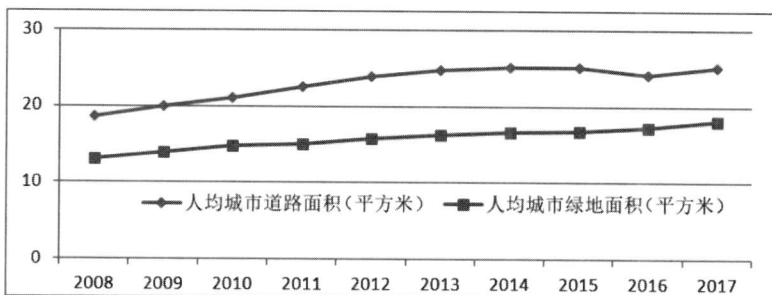

图 4-5 山东省基础设施发展水平

数据来源：各地政府工作报告、统计公报等。

在取得显著成绩的同时，2018 年 6 月，习近平总书记视察山东，要求全省上下"扎实推动高质量发展，扎实实施乡村振兴战略，扎实做好保障和改善民生工作，扎实抓好干部队伍建设"，为今后一个时期推进全省新型城镇化工作提供了总遵循、总定位和总航标。省委、省政府积极践行新的发展理念，大力实施新旧动能转换重大工程，着力打造乡村振兴的齐鲁样板，为推动我省城镇化高质量发展打下了良好基础。但对标习总书记"四个扎实"的要求，对标南方先进省份的经验，对照人民群众的切实要求，我省城镇化发展不平衡、不充分的问题仍然比较突出，主要表现为：城镇化水平与新时代高质量发展要求差距明显；城市群发育与全国领先的目标定位差距较大；生态环境保护与绿色发展要求还有差距；城乡和区域协调发展水平整体不高。

以东营市、滨州市为主的黄三角城市应以新旧动能转换重大工程为契机，转变城镇化发展方式，以人的城镇化为核心，以城市群为主体形态，以提高综合承载能力为支撑，以创新体制机制为保障，不断优化城镇空间布局和形态，推进农业转移人口市民化和基本公共服务均等化，提高城镇可持续发展能力，推动共享发展与城乡一体化，推进生态环境保护与绿色发展，利用自身较好的城镇化基础，助力黄三角地区冲出传统路径依赖，打破困扰多年的"资源魔咒"，突破城镇化发展过程中的瓶颈，稳步提升黄三角地区城镇化发展水平和质量。

四、黄三角地区城镇化发展现状

2009 年 11 月 23 日，国务院批复《黄河三角洲高效生态经济区发展规划》。这标志着黄三角地区的发展上升为国家战略。以东营市和滨州市为主的黄河三角洲高效生态经济区在社会综合发展方面具有良好的基础。2014 年《山东省新型城镇化规划》针对"东滨城镇密集区"，提出"级级探索低碳生态、集约高效的城镇化模式，建设黄河三角洲低碳生态城镇化引领区、高效生态经济示范区"，为东营、滨州两市的城镇化发展指明了道路。

（一）黄三角地区城镇化发展概况

总体来看，近年来以东营、滨州为代表的黄三角地区城市经济水平持续提升，为城镇化高质量发展奠定了基础。城镇化水平也显著提高，在人口市民化、村庄改造、城镇基础设施以及城镇化体制上都取得了一定成果。

具体来看，东营市抓住实施"黄蓝两大国家战略"的重大机遇，经济保持高水平发展，大力推进新型城镇化建设。2016 年以来全市城镇化已完成由加速发展向稳定发展的后加速阶段过渡，动能转换迈出新步伐，城乡面貌发生新变化，编制了乡村振兴战略规划和海洋强市建设行动方案，实施了农村人居环境整治，民生事业实现新进步。预计到 2020 年，全市常住人口城镇化率达到 69%，户籍人口城镇化率达到 61%。城镇化布局形态得以优化，形成了协同发展的新型城镇化发展格局。经统筹规划，东营市形成集中居住型农村新型社区 74 个，新农村地区 91 个。同时，东营市实现 27.5 万农业转移人口市民化、7.6 万城中村和城边村原有居民市民化目标，实现城镇生活和谐宜人，基本公共服务覆盖全部常住人口，基础设施和公共服务设施更加完善，生态环境明显改善，居民生活品质和文明水平显著提高。东营市城镇化体制机制不断完善，综合配套改革取得实质进展。

滨州市近年来经济水平稳步提升，城镇化水平持续提高。城市基础设施、公共服务设施和住宅建设等投资需求巨大，经济发展具备较强的持续动力，部分经济发达的区县成为滨州市城镇化发展的领头羊。全市常住人口城镇化率近年来已提升到 54.44%，工业结构持续优化，始终突出工业兴市的发展特征。同时，滨州市加大城建投入力度，城镇基础设施水平加快提升，生态环境进一步改善。计划到 2020 年，滨州市初步形成城镇网络化布局和城乡一体化格局，城镇化率达到 58%，城镇人口达到 235 万左右。农村家庭迁移城镇安家的比例逐步提高，达到 40% 左右，实现 26 万农业人口转移，并显著提升城镇化质量，进一步增强城市竞争力，优化城镇化格局。但是，东营、滨州两市的城镇化发展速度在近两年间都在一定程度上出现了下滑，问题突出表现为经济发展依旧依赖传统工业，对资源消耗和污染排放的依赖始终较强。

（二）黄三角地区城镇化发展指标分析

结合新型城镇化高质量发展的内涵——高质量的经济城镇化、高质量的社会城镇化、高质量的人居环境和高质量的基础设施，我们分别选取如下指标对黄三角地区城镇化发展质量进行分析：经济城镇化水平方面选取工业增加值、人均可支配收入、城镇居民人均消费、人均地区生产总值为代理指标；社会城镇化水平方面选取万人拥有医疗机构床位数、万人拥有医生数、城镇居民恩格尔系数为代理指标；人居环境水平方面选取人均城市建设用地、万元地区生产总值电耗、二氧化硫排放量、污水处理率为代理指标；基础设施发展水平方面选取人均城市道路面积、人均公园绿地面积为代理指标。我们还选取 2008—2017 年东营市、滨州市相关数据作为分析工具。研究目的是观察城镇化质量的变化发展趋势。因此，我们对各个数据分别进行标准化处理，使各个指标适合在相应的趋势图中观察，进而对黄三角地区城镇化质量发展进行分析。

东营市城镇化质量发展见图 4-6 至图 4-9。在经济城镇化水平方面，人均可支配收入、城镇居民人均消费、人均地区生产总值均持续保持增长，且人均可支配收入和城镇居民人均消费明显高于山东省平均水平，但是，工业增加值和人均固定资产投资的增长速度存在一定的波动，且人均固定资产投资水平还较低。在社会城镇化水平方面，万人拥有医疗机构床位数和万人拥有医生数虽存在一定的起伏，但整体上呈增加趋势。万人拥有医疗机构床位数略低于山东省平均水平，而万人拥有医生数则明显高于山东省平均水平。恩格尔系数则在 2013 年前呈小幅增长趋势，2013 年后开始下降，与山东省平均水平相近。在人居环境水平方面，二氧化硫排放量、废水排放强度、人均城市建设用地持续下降，而污水处理率也持续提高，人居环境得到改善，但万元地区生产总值电耗始终居高不下，远远高于山东省平均水平，亟待改善。在基础设施发展水平方面，人均城市道路面积在 2015 年之前持续增长，2015 年至今有所下滑，而人均公园绿地面积持续提升。东营市人均基础设施发展水平高于山东省平均水平。

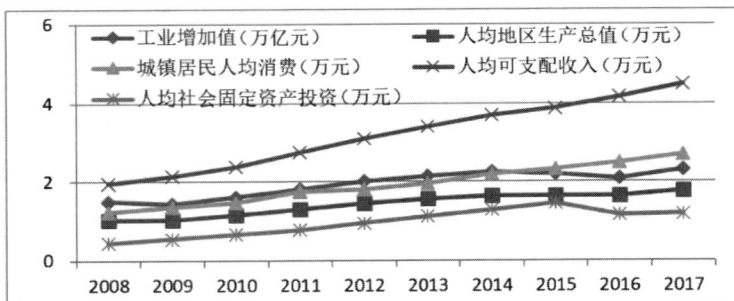

图 4-6　东营市经济城镇化水平

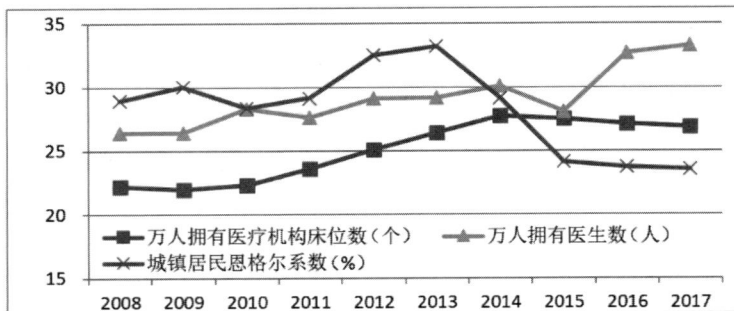

图 4-7　东营市社会城镇化水平

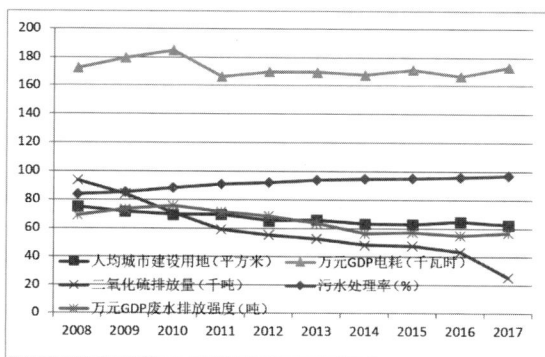

图 4-8　东营市人居环境水平

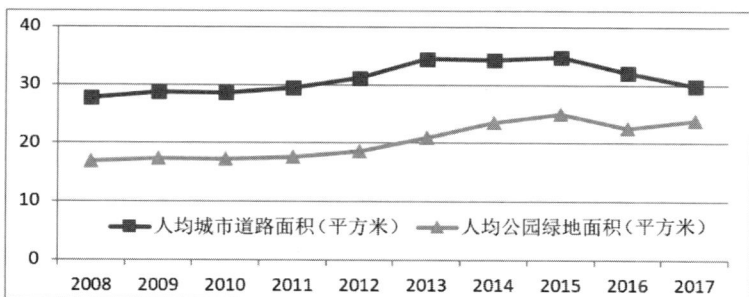

图 4-9　东营市基础设施发展水平

图 4-6 至图 4-9 数据来源：东营市统计公报。

滨州市城镇化质量发展见图 4-10 至图 4-13。在经济城镇化水平方面，工业增加值、人均地区生产总值、城镇居民人均消费、人均社会固定资产投资均持续增长，城镇居民人均可支配收入除 2014—2015 年有所下降外，其余时间均稳步提升。从总体水平上来看，各项经济城镇化质量相关指标均持续提高，且除人均社会固定资产投资额和人均地区生产总值外，其余各项指标都和全省平均水平保持一致。人均社会固定资产投资额领先全省平均水平，而人均地区生产总值则低于全省平均水平。在社会城镇化水平方面，万人拥有医疗机构床位数和万人拥有医生数均持续增长，而城镇居民恩格尔系数也逐年下降。万人拥有医疗机构床位数与全省平均水平相当，而万人拥有医生数在 2008 年时与全省平均水平有一定差距，但近十年后已超过全省平均水平。在人居环境水平方面，万元地区生产总值电耗持续下降，污水处理率持续提高，但在二氧化硫排放量和废水排放强度方面则存在较大波动，尤其是二氧化硫排放量，近年来波动很大。人均城市建设用地近年来持续提高。滨州市近年来为推进城市发展，加大了建设用地的使用量。滨州市需要注意协调人居环境和经济之间的关系。在基础设施发展水平方面，人均城市道路面积和人均公园绿地面积 2009 年之后均持续上升，与山东省平均水平基本一致。

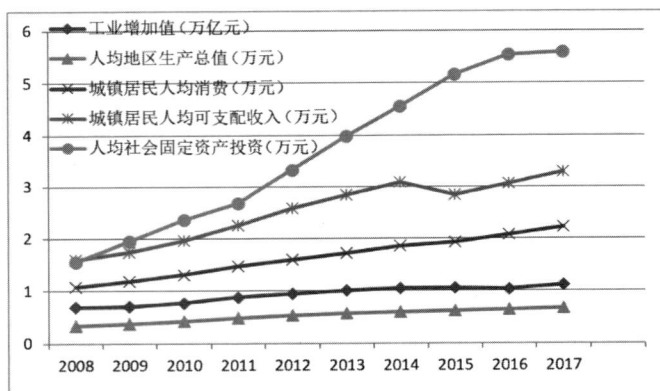

图 4-10　滨州市经济城镇化水平

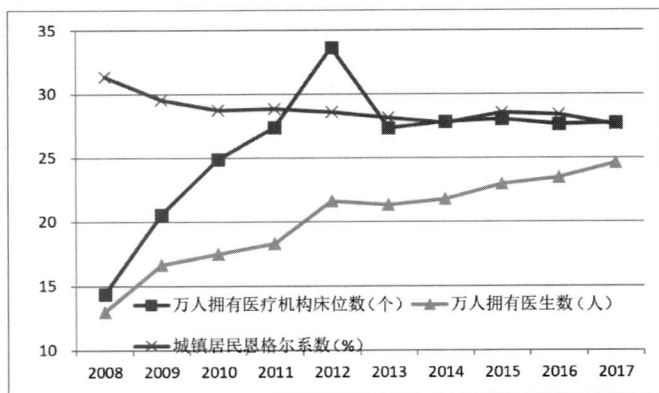

图 4-11　滨州市社会城镇化水平

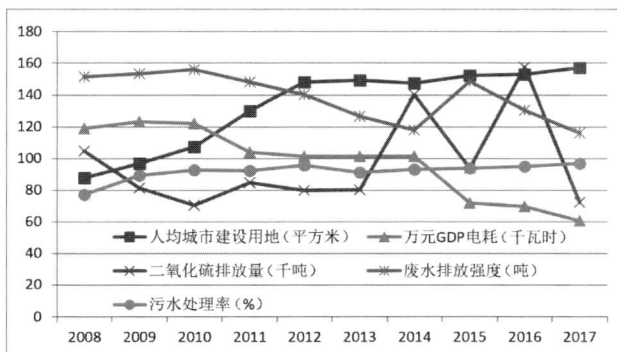

图 4-12 滨州市人居环境水平

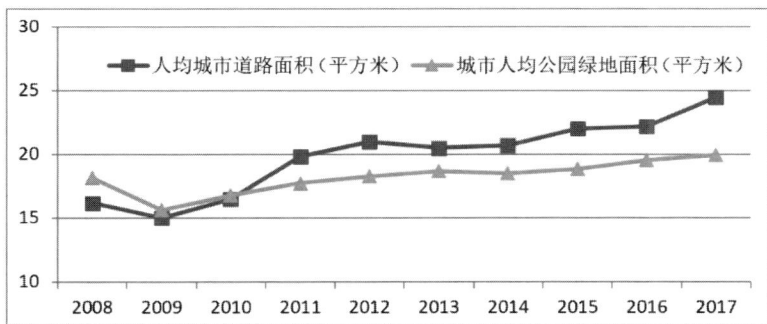

图 4-13 滨州市基础设施发展水平

图 4-10 至图 4-13 数据来源：滨州市统计公报。

总体上看，与山东省平均水平相比，东营市城镇化发展质量相关单项指标大多明显高于全省平均水平，但在个别领域还存在较明显问题，比如万元地区生产总值的高电耗问题始终没有得到解决，且没有下降趋势。与山东省各项指标平稳提升不同的是，东营市许多指标存在一定的波动，在一定程度上反映出地方政府政策存在一定的不稳定性。而滨州市城镇化发展质量持续稳步提升，始终紧跟全省平均发展水平，并且在固定资产投资等方面领先全省水平，但与同为黄三角地区的东营市相比，仍有较大差距，尤其是在人居环境方面甚至落后于全省平均水平。在自身治理方面，滨州市也存在很大的波动，需要有针对性地处理和解决这一问题。

从整个黄三角地区来看，城镇化发展水平稳步提升，人居环境开始得到改善，虽然存在一定程度的发展不均衡，但总体能达到全省平均水平。城镇化发展速度近两年在一定程度上出现下滑，问题突出表现为经济发展依旧依赖传统工业，对资源消耗和污染排放的依赖始终较强，且在城镇化发展质量的部分环节出现反复，可能是由于结果导向的政策制定顾此失彼。

第二节 黄三角地区城镇化发展质量的比较分析

一、城镇化发展质量综合评价方法

通过上文分析，可以得知山东省以及黄三角地区的城镇化发展虽然取得了一定的成绩，但仍然存在一系列的问题：城镇化发展整体呈推进趋势，但存在一定波动，中小城镇发展严重滞后；拥堵、污染等问题没有得到明显改善；城镇的发展以粗放方式为主，简单的人口城镇化引发了一系列的社会矛盾。从城镇化规模、数量的角度来研究城镇化问题已经难以解决现实矛盾，质量才是城镇化发展水平的真实反映。从城镇化质量评价指标选取来看，主要应考虑综合性指标和时代性指标两个方面。首先，评价城镇化质量不单单是看地理、经济、社会、人口等某一个方面，而且还要看城市建设、基础设施、公共服务、人居环境、城市管理和市民化等众多因素。只有综合选取全部指标才能真实反映城镇化发展水平。其次，城镇化高质量发展的内涵是随着时代的发展而发展的。新的时代和新的城镇化发展实践赋予了城镇化高质量发展以新的内涵，如果指标体系不能与时俱进，就失去了时代意义和实践意义。因此，在选取指标之前，必须厘清新型城镇化高质量发展的时代内涵。从城镇化质量评价的方法来看，可采用主成分分析法、熵值法等来评价分析。在此，我们选取全局主成分分析法（GPCA）对城镇化质量进行综合评价。全局主成分分析是从经典主成分分析法演变而来，采用的是连续时间间隔的平面数据表序列，所有数据表有完全同名的样本点和同方向规格化变量指标，对整张时序立体数据表执行经典主成分分析，并实现对样本群点的量化评价。

二、变量选择与评价指标体系构建

根据城镇化高质量发展的时代内涵及形式要求，我们从人口城镇化、经济城镇化、社会城镇化、生态城镇化、基础设施城镇化等五个方面构建新型城镇化水平综合评价体系。参考以往研究文献，我们最终选取常住人口城镇化率、二产从业人员比重、城镇居民人均消费等 18 个三级指标形成新型城镇化评价指标体系（见表 4-1）。为便于比较，各指标数据均采用比重数据或人均数据。

表 4-1　山东省新型城镇化评价指标体系

一级指标	二级指标	序号	三级指标（单位）
山东省新型城镇化质量评价体系	人口城镇化	X1	常住人口城镇化率（%）
		X2	第二产业从业人员比重（%）
		X3	第三产业从业人员比重（%）
	经济城镇化	X4	工业增加值占地区生产总值比重（%）
		X5	城市人均地区生产总值（元／人）
		X6	城镇居民人均消费（元／人）
		X7	城镇居民人均可支配收入（元／人）
		X8	人均社会固定资产投资（元／人）
	社会城镇化	X9	万人医疗机构床位数（位／万人）
		X10	万人拥有医生数（人／万人）
		X11	城镇居民恩格尔系数
	生态城镇化	X12	人均城市建设用地（平方米／人）
		X13	万元地区生产总值电耗（千瓦时／万元）
		X14	万元地区生产总值二氧化硫排放量（吨／万元）
		X15	万元地区生产总值废水排放强度（吨／万元）
		X16	污水处理率（%）
	基础设施城镇化	X17	人均城市道路面积（平方米／人）
		X18	人均公园绿地面积（平方米／人）

本研究的评价对象是山东省及其17个地级市。数据类型均采用人均数据或占比数据，从而规避了地区间人口和经济总量等规模差异带来的影响。数据来源于历年《山东统计年鉴》《中国城市统计年鉴》《中国城市建设统计年鉴》以及官方公开的统计公报等。

三、指标数据的标准化与样本的检验

根据山东省城镇化发展质量评价指标体系构建评价指标数据矩阵：

$$Z： Z_{ijk}=\{X_{i(jk)}\}$$

其中，$i=1,2\cdots\cdots18$，$j=2008,2009\cdots\cdots2007$；$j=$山东，济南市，青岛市……菏泽市。

因为各指标具有不同量纲及数值范围，难以进行综合对比，所以我们在此采用z-score标准化法对各个指标数据进行标准化处理。其具体公式为：

$$ZX_i=（X_i-X）/S_i$$

其中，ZX_i为处理后标准化数据，X_i为原始数据，X为原始数据的均值，S_i为原始数据的标准差。

检验方法采用KMO检验和Bartlett检验。KMO检验用于检验样本的充足度，取值范围在0到1之间，数值越小越不适合进行主成分分析，数值越接近1则表示变量越适合进行主成分分析。一般检验值在0.5到1之间，说明主成分分析是可以进行的。Bartlett球形检验的零假设是相关系数矩阵为单位阵，如果显著性大于0.05则接受原假设，变量之间相互独立，不适合进行全局主成分分析；反之则可以进行全局主成分分析。

经检验，城镇化发展质量评价指标体系的KMO检验值为0.815，Bartlett球形检验为0.000。这说明所建立的指标体系的变量间都有一定的相关性，适合采用全局主成分分析方法进行综合评价。

四、山东省城镇化质量评价

对2008—2017年山东省城镇化高质量发展数据样本进行全局主成分分析，可得到其主成分的特征值、方差贡献率、累计方差贡献率。解释的总方差结果如表4-2所示，主成分的系数矩阵如表4-3所示。由表4-3可

知，特征值为 8.18 的第一主成分方差贡献率为 45.444%，特征值为 3.056 的第二主成分方差贡献率为 16.978%，特征值为 1.53 的第三主成分方差贡献率为 8.5%，第五个以后的主成分方差贡献率都在 3% 以下，并且差别不大。根据主成分特征值大于或接近 1 的选取原则，最终提取特征值为 8.180、3.056、1.530、1.188、1.021 的五个主成分，累计方差贡献率达到 83.19%。这说明这五个主成分已经基本涵盖了城镇化评价指标数据的大部分信息，能够较好地体现城镇化 18 个评价指标的数据特征[1]。

表 4-2　2008—2017 年山东省及其 17 地市城镇化
指标体系的主成分分析及其方差贡献率

成分	初始特征值			提取平方和载入		
	合计	方差的 %	累积 %	合计	方差的 %	累积 %
1	8.180	45.444	45.444	8.180	45.444	45.444
2	3.056	16.978	62.422	3.056	16.978	62.422
3	1.530	8.499	70.922	1.530	8.499	70.922
4	1.188	6.597	77.519	1.188	6.597	77.519
5	1.021	5.670	83.190	1.021	5.670	83.190
6	0.676	3.756	86.946			
7	0.545	3.030	89.976			
8	0.485	2.693	92.669			
9	0.347	1.927	94.597			
10	0.267	1.482	96.078			
11	0.221	1.226	97.304			
12	0.169	0.940	98.244			
13	0.098	0.545	98.790			
14	0.086	0.478	99.268			
15	0.054	0.302	99.569			
16	0.036	0.198	99.767			
17	0.022	0.120	99.888			
18	0.020	0.112	100.000			

1　徐龙香、高艳云：《新型城镇化评价指标体系构建》，《价值工程》，2018 年第 37 卷第 28 期，第 5-6 页。

表4-3 为五个主成分与各指标的系数矩阵。各主成分的系数向量分别
与标准化处理的各指标向量相乘，可以计算出 2008—2017 年山东省及其
17 地市城镇化高质量发展的五个主成分得分。

表 4-3 2008—2017 年山东省及其 17 地市的城镇化
指标体系主成分及其系数矩阵

指标名称	全局主成分				
	1	2	3	4	5
1. 常住人口城镇化率（%）	0.106	−0.047	−0.201	0.131	0.070
2. 城镇第二产业从业人员比重（%）	0.067	0.192	−0.262	0.237	−0.261
3. 城镇第三产业从业人员比重（%）	−0.064	−0.188	0.270	−0.244	0.269
4. 工业增加值占地区生产总值比重	−0.013	0.258	−0.064	−0.165	0.356
5. 人均地区生产总值（元／人）	0.108	0.028	−0.054	−0.098	0.336
6. 城镇居民人均消费（元／人）	0.107	−0.105	0.006	0.118	0.088
7. 城镇居民人均可支配收入（元／人）	0.107	−0.104	0.057	0.163	0.090
8. 人均社会固定资产投资（元／人）	0.109	0.032	0.060	−0.083	0.251
9. 万人拥有医疗机构床位数（床／万人）	0.059	0.212	0.202	−0.126	0.258
10. 万人拥有医生数（人／万人）	0.099	−0.062	−0.152	0.111	0.266
11. 城镇居民恩格尔系数	−0.063	0.016	−0.264	−0.347	−0.111
12. 人均城市建设用地（平方米）	0.076	0.140	−0.033	−0.322	−0.277
13. 万元地区生产总值电耗（千瓦时／万元）	−0.074	0.145	0.187	0.395	0.147
14. 万元地区生产总值二氧化硫排放量（吨／万元）	−0.068	0.195	−0.056	0.308	0.157
15. 万元地区生产总值废水排放强度	−0.102	0.024	0.091	0.149	0.100
16. 污水处理率	0.069	−0.067	0.245	0.279	−0.316
17. 地市人均城市道路面积（平方米）	0.063	0.082	0.401	−0.092	−0.056
18. 城市人均公园绿地面积（平方米）	0.059	0.153	0.237	−0.119	−0.361

我们以各主成分方差贡献率占总方差贡献率的比重作为权重进行加权
汇总，建立评价指标体系的综合得分模型：

$$F_{ij} = \frac{45.444 * FX_{1(ij)} + 16.978 * FX_{2(ij)} + 8.5 FX_{3(ij)} + 6.597 FX_{4(ij)} + 5.671 * FX_{5(ij)}}{83.190}$$

$$= 0.5463 * FX_{1(ij)} + 0.2041 * FX_{2(ij)} + 0.1022 * FX_{3(ij)} + 0.0793 * FX_{4(ij)}$$

$$+ 0.0682 * FX_{5(ij)}.$$

其中，i=2008,2009……2017；j= 山东，济南市，青岛市……菏泽市。将各样本的五个主成分得分代入，可计算出 2008—2017 年山东省及其 17 地市的城镇化发展质量评价综合指数，得分越高表示城镇化综合发展水平越高。为增强评价结果的直观感受，便于比较分析，将城镇化发展质量综合评价指数按照以下公式进行换算，得到 2008—2017 年山东省及其 17 地市的城镇化发展质量综合指数（见表 4-1）：

$$Z^{'} = \frac{Z}{Z_{max} - Z_{min}} * 40 + 60$$

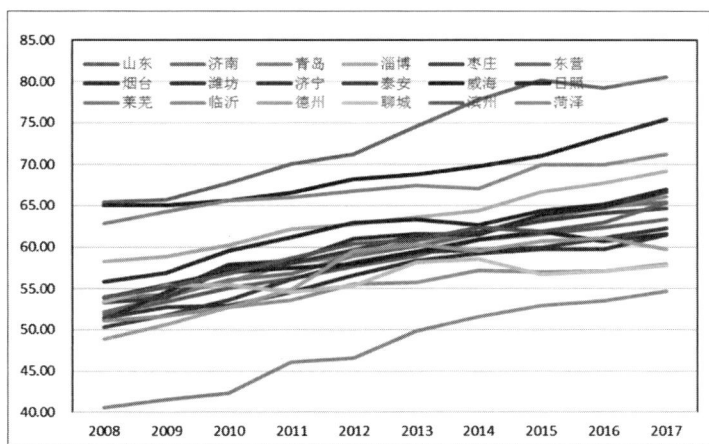

图 4-14　2008—2017 年山东省及其 17 地市城镇化发展质量综合指数变化趋势图

图 4-14 反映了 2008—2017 年山东省及其 17 地市的城镇化质量综合发展水平变化趋势。总体来看，山东省及其 17 地市城镇化发展质量综合指数虽有小幅波动，但整体呈上升发展状态，并表现出以下特征：

第一，城市间城镇化发展质量综合指数水平差异较大，城镇化发展很不均衡，并且呈现两极分化、中部密集的分布状态。东营一直遥遥领先于

表 4-1 2008—2017 年山东省及其 17 地市城镇化综合指数（经百分制法调整）

年份	2008	2009	2010	2011	2012	2013	2014	2015	2016	2017
山东	51.84	53.42	55.07	56.24	57.73	58.96	60.86	61.53	62.36	63.26
济南	52.19	54.00	56.07	56.80	58.97	60.12	61.53	63.43	64.82	65.47
青岛	53.91	54.27	55.81	58.03	59.01	60.75	61.72	63.75	64.64	66.08
淄博	58.26	58.87	60.24	62.16	62.72	63.62	64.33	66.66	67.72	69.16
枣庄	50.35	51.79	53.63	56.12	58.18	59.42	59.67	59.90	61.05	62.19
东营	65.48	65.76	67.78	70.08	71.27	74.52	77.75	80.13	79.18	80.56
烟台	55.87	56.88	59.57	61.13	62.95	63.32	62.62	64.39	65.15	66.99
潍坊	51.21	54.54	57.92	58.35	60.98	61.55	61.47	63.84	64.82	66.69
济宁	51.53	52.70	52.98	54.55	56.58	58.33	59.20	59.70	59.73	61.43
泰安	53.35	53.93	57.38	58.09	59.59	61.37	61.76	63.07	64.11	64.64
威海	65.06	65.00	65.58	66.63	68.27	68.78	69.77	71.04	73.26	75.38
日照	53.87	55.44	57.05	57.49	58.01	59.40	60.85	61.86	60.73	61.59
莱芜	62.85	64.30	65.66	65.98	66.77	67.44	67.03	70.01	70.02	71.25
临沂	51.07	51.70	52.72	53.65	55.52	55.75	57.24	57.05	57.14	58.02
德州	48.86	50.66	52.76	54.92	59.55	60.26	59.55	60.72	61.07	59.74
聊城	53.44	55.40	55.42	54.60	55.37	58.12	58.51	56.69	57.06	57.76
滨州	54.01	55.18	56.84	58.67	60.39	60.87	62.33	61.83	62.93	65.31
菏泽	40.56	41.52	42.34	46.02	46.58	49.81	51.58	52.91	53.49	54.72

全省且增长速度较快，滨州与其他城市的折线图分布比较密集，城镇化发展质量综合指数差距并不明显。

第二，在增长幅度上，2008—2017年各市城镇化发展质量综合指数均有明显的增长，但涨幅差异较大。东营、滨州两市的增长幅度均超过20%，涨幅较大。从绝对增长量来看，东营市增长量超过15个点位，不同城市间差异较大。

第三，结合城镇化发展质量评价体系的各指标数据进行分析，可以知道各城市的发展质量综合指数高低的原因。东营、威海、莱芜三市在工业增加值占地区生产总值比重、万人拥有医院床位数、万人拥有医生数、人均公园绿地面积、人均建设用地面积这五项指标数据上较其他城市有明显的优势，其城镇化发展质量综合指数整体较高。对折线图的突出折点进行分析发现，2016年，东营市其他指标涨幅与2015年相比变化不大，但工业增加值占地区生产总值比重、人均地区生产总值增长率、人均社会固定资产投资这三项指标数据都明显降低，故2016年东营市城镇化综合指标较2015年有所下降，呈现明显的凸向折点。可见，城镇化发展是整体性的，城镇化发展质量综合指数是评价体系各个指标数据的综合体现，任何一个方面的滞后都会影响城镇化整体发展水平。

五、黄三角地区城镇化质量评价

黄三角地区城镇化质量评价见图4–15。东营市的城镇化发展质量正如前文分析的那样，由于在工业增加值占地区生产总值比重、万人拥有医院床位数、万人拥有医生数、人均公园绿地面积、人均建设用地面积这五项指标数据上的明显优势，无论从绝对水平还是增长速度上都领先于全省，10年间增长点位达到15.08，而领先全省平均水平也从13.64个点位增长到17.3个点位。但东营市的城镇化质量推进工作也存在一定的问题。从图中可以明显发现，东营市城镇化质量得分在2015年后明显开始放缓，并于2015年至2016年出现小幅下滑。结合上文的现状分析我们可以发现，由于在各个指标上，东营市2016—2017年增幅均不甚明显，且在人均城市道路面积、废水排放强度、医疗机构床位数、工业增加值和人均固定资产投资这五项指标上均出现不同程度的波动。这说明15年以来，东营市的城镇化发展质量开始受到挑战，需要结合现有情况，提出相应的更加符合现有状况的政策，从而打破现存的发展瓶颈。耗电量始终是东营市城镇化质量中最薄弱的一环，如果能将万元地区生产总值耗电量进行有效控制，一定能使城镇化发展质量得到进一步提升。

滨州市的城镇化发展质量始终与全省的平均水平保持相近，增长趋势也保持步调一致，十年间增长点位数为11.3，2012年领先全省平均水平达到最高的2.66个点位，2015年领先全省平均水平跌到最低的0.3个点位。增长速度在2015年和2016年变缓且城镇化发展质量被全省平均水平追上，在2017年又恢复高速增长趋势，超过山东省平均水平。结合上文中的现状分析可知，2015年滨州市居民人均可支配收入、废水排放强度、二氧化硫排放量水平出现波动，尤其是二氧化硫排放量出现大幅波动。这可能对城镇化发展质量评价有较强的负面影响，拖慢了发展。滨州市在基础设施建设水平上存在一定优势，在人居环境上存在一定短板，尤其是二氧化硫排放量的波动和人均建设用地数量的连年上升需要引起重视。总体来看，滨州市城镇化发展质量平稳提高，但是一直保持着与全省平均水平相当的速度，中规中矩，缺乏亮点和突破，始终与东营市存在较大差距。滨州市需要将人均建设用地、人居环境等方面列为工作重点，进行一些大刀阔斧的改革，以争取使滨州市的城镇化质量取得突飞猛进的发展。

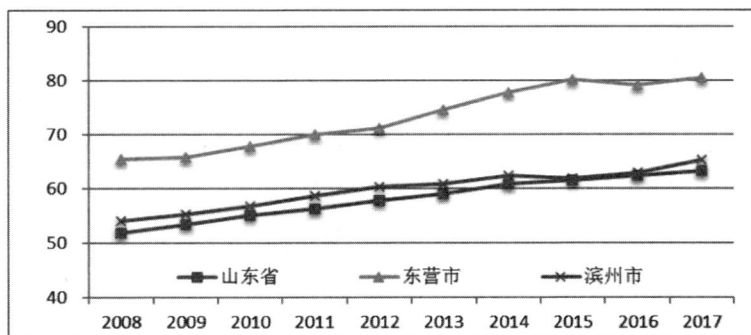

图4-15 黄三角地区城镇化发展质量综合发展指数趋势

总体来看，黄三角地区城镇化发展质量确实存在一定程度的不均衡，不同区域应采取不同的发展重点。例如，东营市城镇化质量较高，经济基础较好，应着力找到发展瓶颈，并制定针对性政策，着力推动打破瓶颈，使城镇化发展质量达到更高水平。在原有城镇化质量一般的地区（如滨州市），更应抓住全省大力推进新旧动能转换的契机，对现有城镇化模式进行重塑，推动城镇化质量迈上更高的台阶。另一方面，黄三角地区城镇化发展也存在一定共性，无论东营市还是滨州市，其经济发展都依赖传统工业。在新型城镇化建设中，它们虽然在生态文明建设方面取得了一定的成绩，但无论在控制能源消耗还是污染排放方面，始终没有取得明显效果，并存在较强波动。我们可以对黄三角地区进行统一规范和管理，提升该地区城镇化质量。

第三节 黄三角地区推进高质量城镇化发展的举措

一、黄三角地区积极实施和落实山东省城镇化政策

2014 年 10 月 9 日，山东省委、省政府印发了《山东省新型城镇化规划（2014—2020 年）》，确定了"人口市民化、优化城镇化布局、提升城市综合承载能力、推进城乡一体化"四大任务，重点突出"促进县域本地城镇化、推进城镇生态文明建设、加强城市文化建设"三个特色，着力深化 "人、地、钱、房和行政区划"五项改革。《规划》明确提出城镇化质量和水平明显提升的目标：到 2020 年，全省常住人口城镇化率达 62% 左右，户籍人口城镇化率达到 52% 左右；努力实现 700 万左右农业转移人口在城镇落户，促进 1000 万左右城中村居民完全市民化；城镇化格局更加优化，发展模式更为科学合理，城镇生活更加和谐宜人，城镇化体制机制不断完善。《规划》的主要内容包括：以劳动力素质、人口老龄化线索来提前谋划城镇化的相关政策与制度设计；立足竞争力提升，处理好空间组织的"聚集于均衡"关系；立足资源与生态环境约束，倒逼城镇化发展模式转型；立足社会发展的多元化、多层次需求，转变社会治理方式。

2018 年，山东省委、省政府分别印发了《山东省加快推进新型城镇化建设行动实施方案（2018—2020 年）》和《全省新型城镇化建设近期工作要点》，又在 2019 年 7 月印发了《山东省 2019 年新型城镇化重点任务》，制定了加快推进农业转移人口、优化全省城镇布局形态、加快提升城市宜居水平、促进城乡融合发展、深化重点领域改革创新等五项实施方案和 25 项具体任务，同时明确了从加快农业转移人口市民化、提高山东半岛城市群建设质量、提高城市发展质量、加快推动城乡融合发展、深化城镇化领域改革等方面做好近期新型城镇化建设工作。

近些年在执行城镇化发展规划的过程中，山东省将城镇化综合试点作为推进新型城镇化的重要抓手和突破口，全省范围内先后有三批 14 个地区参与国家城镇化综合试点，还有 20 个省级试点地区作为推进新型城镇化工作的重点地区，数量在全国最多，其中第二批国家新型城镇化综合试点经验被国家发展改革委办公厅在全国范围推广。黄三角地区的城市应针对国家和山东省对城镇化试点的要求，争当新一批试点城市，获取更好的政策支持，并进一步通过深化改革释放发展潜力，强化产业就业支撑，切实转变发展模式，增强城镇化发展的内生动力，实现城镇化试点从外力推动向内力驱动的转变，形成一批可复制、可推广的经验做法，为促进黄三角地区城镇化发展提质增效。

二、黄三角地区推进城镇化发展质量的举措

（一）持续推进黄河三角洲高效生态经济区建设

黄河三角洲高效生态经济区功能定位是打造全国重要的后备土地资源开发区、重要的特色产业基地、环渤海地区重要的增长区域以及重要的高效生态经济示范区；目标定位是争取到 2020 年，建设成为经济形态高级、环境优美、人民生活富裕和谐的国家级高效生态经济示范区。目前，环境问题已成为制约我国经济持续健康和高质量稳步发展的一大障碍。转变经济增长方式，以生态促发展成为时代需求。黄河三角洲良好的生态经济发展潜力是高效生态经济政策提出的重要原因。黄河三角洲因其独特的海陆

环境成为经济发达、人口密集的地区。黄河三角洲具有大河文明的优势，且开发较晚，资源潜力巨大。区内土地资源丰富，拥有尚未开发利用的土地面积近 0.53 万平方千米，人均未利用土地也远远高于东南沿海平均水平。区内生态系统独具特色，自然资源异常丰富，转化为经济优势的潜力巨大。除此之外，良好的石油、化工产业基础以及优越的地理区位条件都构成了黄河三角洲的独特优势。但是，黄三角地区自身的劣势制约着其生态优势的发挥：一是区内淡水资源异常稀缺，人均水资源仅为全国平均水平的八分之一左右；二是区内土壤盐渍化、荒漠化问题突出，海岸侵蚀严重，脆弱的生态环境增加了黄河三角洲的开发难度，环境治理和土地恢复的难度较大；三是黄河不能通航，缺乏发达的铁路公路交通网，导致区内对外贸易规模小，开放型经济发展水平低；四是产业结构层次较低，缺乏高层次人才，高效生态经济处于起步阶段。

以新方法、新思路开发这个我国最大也最年轻的三角洲，扬长避短，发挥优势，是当前经济发展的迫切需求，黄河三角洲高效生态经济区政策因此被提出。建设黄河三角洲高效生态经济区能够开创经济发展的新模式，为其他地区经济转型提供新思路；有利于培育新的增长极，促进环渤海地区整体实力的提升；能够拓宽发展空间，促进国际合作，为我国经济的平稳快速发展发挥重要作用。

具体来看，《黄河三角洲高效生态经济区发展规划》中的政策内容可以概括为以下六个方面：一是在空间布局方面，根据功能定位和资源环境承载能力，形成核心保护区、控制开发区和集约开发区合理分布的空间布局，在核心保护区内严格限制各类开发建设活动、构筑生态安全屏障，在控制开发区内因地制宜发展农副产品生产加工业、观光休闲农业、生态工业等产业，在集约开发区内充分利用区内未利用土地资源，发展生态产业和循环经济，打造"四点、四区、一带"（"四点"指东营、滨州、潍坊港和烟台港莱州港区，"四区"指东营、滨州、潍坊北部、烟台莱州四大临港产业区，"一带"指西起乐陵、东至莱州的环渤海南岸经济集聚带）的产业空间布局，形成布局合理、功能健全、城乡一体化发展的城镇体系；二是在生态建设和环境保护方面，推进生态建设，强化环境保护，集约、节约利用土地、水、矿产、海域等资源，发展循环经济，实施生态环境保护重点工程，全面增强区域可持续发展能力；三是在构建高效生态产业体系方面，充分发挥区位和资源优势，推动产业结构优化升级，加快发展绿色种植业、生态畜牧业、生态渔业等高效生态农业，积极发展高技术产业和装备制造业等环境友好型工业，大力发展现代物流业、生态旅游业等现代服务业；四是在强化基础设施支撑方面，加强基础设施投资和建设，形成完善的防潮堤、引供水设施等水利设施，快速通畅的铁路、公路、机场等交通网络和清洁安全的能源保障体系，助力高效生态经济的发展；五是在加快社会事业发展方面，以保障和改善民生为重点，大力发展科教事业、医疗卫生事业等各项社会事业，完善就业和社会保障体系，形成适应高效生态经济发展的公共服务体系；六是在创新体制机制方面，推进行政体制改革、金融改革和创新、土地管理体制改革等重点领域和关键环节改革，构建开放型经济体系，构建对外开放平台，加快转变贸易发展方式，提高外资利用水平，加强区域合作和交流，为高效生态经济发展提供动力以及制度保障。

高效生态经济区的建设符合城镇化高质量发展的要求，也在很大程度上促进了城镇化的发展。

（二）东营市提高城镇化发展质量的举措

为有效提高城镇化发展质量，东营市先后编制《东营市城乡一体化发展规划（2010—2030年）》和《东营市城镇体系规划（2013—2030年）》，组织各县区完成了《新型农村社区布局规划》的修编，编制印发了《东营市新型城镇化规划（2015—2020年）》，全面确定了城镇化发展的目标、重点及行动计划，大力推进城乡规划全覆盖，确保中心城、县城、重点镇规划建成区控规覆盖率达到100%。

1.中心城和县城综合承载能力持续提升，做大做强中心城。东营市以"五城联创"为总抓手，加快中心城规划建设，实施了规划展览馆、大剧院、金湖银河等一批重大工程项目，建成区面积达到188.2平方千米；以优异成绩成功创建成为全国文明城市、国家生态园林城市，获得中国人居环境奖；重点培育县域次中心，强化次中心城的骨干支撑作用，积极推进河口城区、广饶县城、利津县城和东营港城建设，努力打造成产业先进、人才集聚能力强、功能完善、生态宜居、各具特色的区域中心城市。广饶县、垦利县进入全国工业百强县。2014 年，广饶县被列为全省县域经济科学发展试点县。东营港新增码头 29 个，东营至旅顺滚装航线复航，靠泊能力达到 8 万吨级，吞吐能力达到 5 000 万吨。广利港主体工程全面开工，疏港道路通车，临港产业区配套不断完善。胜利机场增开优化航线 8 条。寿平铁路建成通车，黄大铁路开工建设。横跨黄河 500 千伏输变电工程、胜利电厂三期竣工投用。

2. 小城镇建设扎实推进。东营市共有乡镇 26 个，其中 10 个镇被列为市级试点强镇；10 个试点强镇中有 6 个被列入省级示范镇，有 7 个被列入全国重点镇。2012 年，东营市研究出台了《关于加快试点强镇建设的意见》，配套资金、用地、产业等政策重点支持，深化行政管理体制改革。试点强镇三年来取得了显著成效。大王镇 2013 年、2014 年连续两年获得"百镇建设示范行动"全省第 1 名，列 2015 年度中国中小城市综合实力百强镇名单第 70 位，成为山东省唯一上榜建制镇。东营市鼓励各乡镇着眼长远发展，紧紧依托自身优势，培育特色经济，初步形成特色农业带动型、工业企业带动型、服务业集聚引导型、旅游文化开发型、卫星城镇型五种各具产业特色小城镇，以广饶县、大王镇被列为省级新型城镇化试点为契机，科学制订试点方案，建立了定期调度和定期沟通制度，新型城镇化综合试点各项工作有条不紊地推进。

3. 农村新型社区建设有序推进。2012 年以来，全市累计开工建设集中居住型农村新型社区 60 个，共计 7 万户，建成社区/中心村服务中心 150 个，基本实现社区服务全覆盖。到 2020 年，全市规划形成集中居住型农村新型社区 74 个，新农村地区 91 个。东营市科学分类，重点推进新型社区建设，优先开展城中村、镇中村和经济基础较好、条件成熟的村庄改造，重点引导在城镇驻地规划建设农村社区，加快推进展区村搬迁改造；完善配套，高标准推进。对规划中不集中居住的新农村地区、中心村和基层村分级配置相应公用设施，提高村庄基本公共服务水平。对集中建设的农村新型社区，东营市按照省委、省政府农村新型社区建设纳入城镇化管理的要求进行设施配套，特别是为解决历史遗留问题，改善展区群众生活条件，实施了黄河南展区改造建设。截至目前，黄河南展区龙居社区、胜利社区、杨庙社区一期工程共建设安置房168栋，计3 120套，建筑面积41.19万平方米。三个社区一期已全部分房入住。分房涉及35个村庄，完成整村安置15个，安置群众4 063户（含进城安置943户），共计12 411人。2016年，东营市又启动了三个社区二期工程，建设安置房148栋，计3 063套，共计面积41.15万平方米，概算总投资10.68亿元。

4. 三个"市民化"加快实施。到2020年，东营市要实现27.5万农业转移人口市民化（其中，23万外来务工人员市民化、4.5万就地转移人口市民化）、7.6万城中村和城边村原有居民市民化目标。2016年，全市实现5.5万农业转移人口市民化（其中，4.6万外来务工人员市民化、0.9万就地转移人口市民化）、1.9万城中村和城边村原有居民市民化任务。东营市组织开展了人口市民化专题研究，启动编制人口市民化规划。规划瞄准外来务工人员、城中村及城边村原有居民和其他农村地区就地转移就业人口三类人群，从基本公共服务均等化、人居环境改善、社会保障等方面，明确城中村居民完全市民化、农业转移人口市民化、农村就地转移就业人口市民化的重点任务和主要内容。

根据《东营市新型城镇化规划（2015—2020年）》，到2020年，全市常住人口城镇化率达到69%，户籍人口城镇化率达到61%，比2015年分别提高3.48、9.85个百分点；优化城镇化布局形态，形成以东营都市区为主体，河口—港城城镇群、广饶—大王城镇群、小城镇和农村新型社区协同发展的新型城镇化发展格局；城镇生活和谐宜人，基本公共服务覆盖全部常住人口，基础设施和公共服务设施更加完善，生态环境明显改善，居民生活品质和文明水平显著提高；城镇化体制机制不断完善，综合配套改革取得实质进展。

（三）滨州市提高城镇化发展质量的举措

滨州市政府为更好地提高城镇化发展质量，完成了《滨州市黄河三角洲城镇体系规划》《滨州市新型城镇化发展规划（2015—2020年）》等区域性、战略性规划编制，完成了《滨州市城市色彩规划》《滨州市黄河风情景区详细规划》《市城区绿地系统规划》等专项规划和修建性详细规划，并于2019年1月7日由山东省人民政府批复实施了《滨州市城市总体规划（2018—2035年）》。

1. 城镇布局和承载能力持续提升。滨州市按照统筹规划、集聚高效、合理布局、分工协作的原则，根据滨州市在山东半岛蓝色经济区、黄河三角洲高效生态经济区、济南都市圈中的地位与作用及相应的区域发展战略，与人口分布、资源条件和生态环境承载能力相适应，优化省域城镇化空间格局，合理确定城镇等级规模结构，同时加快转变城市发展方式，强化规划调控作用，优化城市空间布局，增强产业就业支撑、基础设施与公共服务设施承载能力，创新社会治理，提升新型城市发展水平，建设宜居宜业、充满活力的现代城市。

2. 城乡一体化和本地城镇化有序推动。滨州市优化城乡要素配置，建设城乡统一要素市场，推进城乡公共服务均等化，加快城乡基础设施一体化。滨州市加快农业现代化进程，大力发展高效生态农业，依托现代农业园区，点面结合发展现代农业；积极推进家庭农场，发展适度规模化经营；优化农业产业结构，合理调整农业生产布局；培育壮大龙头企业，完善产业链，提升产业化水平。滨州市提升乡村规划建设管理水平，结合农村社区建设提高城乡基础设施共享水平，加强农村环境治理，提高城乡居民素质，推进城乡法治建设。滨州市同时充分发挥县域就地就近吸纳农村剩余劳动力的重要作用，坚持因地制宜、分类指导，强化县域产业支撑，增强县中心城区极化带动作用，建设小城镇和农村新型社区，夯实本地城镇化的基础性空间载体。

3. 城镇生态文明和文化建设进一步加强。生态文明是新型城镇化发展的时代要求。滨州市把生态文明的理念融入城镇化全过程，转变城镇建设模式，保护自然生态本底，推进绿色发展、循环发展、低碳发展，建设资源节约型和环境友好型城镇，促进城镇化发展与资源环境相协调。另一方面，城市的魅力在于特色，而特色的基础又在于文化。对于一座城市来讲，历史文化遗产就是城市最大的特色，也就是城市特色内涵最重要、最集中的体现。历史文化遗产一旦受到破坏，就不可能复得。城市现代化建设与城市历史文化传统的继承和保护，不是相互割裂的，更不是相互对立的，而是有机关联、相得益彰的。继承和保护城市的自然遗产和文化遗产，本身就是城市现代化建设的重要内容，也是城市现代文明进步的重要标志。城市现代化不仅仅意味着高楼大厦、立交桥、高速公路，更要具备完善的基础设施、良好的生态环境和深厚的历史文化内涵等特征。保护城市历史文化遗产不是保护落后，恰恰是现代文明高度发达的标志。而且，随着当今社会文化的日益趋同，通过保护历史文化遗产来凸显城市特色就显得尤为重要。

城镇化过程中应保护和延续滨州市历史遗迹，保护有特色的自然景观和历史人文景观，发扬滨州传统文化，充分展示和利用物质文化遗产与非物质文化遗产，协调开发、保护和旅游三者关系，满足经济增长、社会发展和提高人民生活水准的需要。

4. 人口市民化稳步推进。滨州市按照尊重意愿、自主选择，因地制宜、分布推进，存量优先、带动增量的原则，在不损害城市居民既得利益和现代化进程的前提下，积极推进城乡二元体制改革，分阶段、分类型地逐步扭转和取消城乡分割、城市优先的制度安排，加快推进劳动就业、义务教育、公共住房、社会保障、户籍等制度等方面的改革，逐步形成农业转移人口与城市居民身份统一、权利一致、地位平等的公共服务制度体系，稳步推进人口市民化。

5. 城镇化发展体制机制得以改革和完善。滨州市在人口管理制度方面建立了居住证管理制度，制定了应对老龄化的综合配套政策，稳定地试点农村资产换进城落户保障机制；在土地管理制度方面健全了城镇用地结构整体激励机制，探索建立了城乡统一的建设用地市场，建立了农用地管理和经营机制；在资金保障方面拓展了投融资渠道，积极推进了镇级小城镇的融资平台建设，完善了基础设施和公共服务建设融资平台，充分利用了扶持政策；在住房保障制度方面逐步建立了统一的城乡住房保障体系，加大了保障性住房建设力度，通过多种渠道解决了保障性住房供给，健全了保障性住房制度；生态保护方面实行了生态环境源头保护制度，实行了资源有偿使用制度和生态补偿制度，实行了最严格的环境监督制度。

第四节 促进黄三角地区高质量城镇化发展的对策建议

一、提高东营市城镇化质量的建议

通过东营市高质量城镇化发展质量评价可以看出，东营市城镇化发展质量始终高于全省平均水平，在人口市民化程度、经济城镇化、基础设施等方面，都已经达到较高水平，在全省范围内都可以被树立为标杆。但纵观近年来东营市城镇化发展质量评价，可以看出两点突出问题：第一，从2016年开始，城镇化发展质量有所下降，呈现明显的凸向折点。通过观察具体指标内容可以发现，原因是以废水排放强度、人均城市道路面积等为主的指标出现了波动。在连续数年的高质量持续增长后，城镇化质量发展陷入相对停滞也在一定程度上表明，东营市的城镇化质量发展需要寻找新的突破口，如还继续按照原有模式发展，很难再取得进一步的发展。第二，在城镇化高质量发展评价的指标体系中，东营市的万元地区生产总值耗电量一直处于落后水平，成为阻碍城镇化质量发展的重要短板，甚至是最大短板。要想打破东营市城镇化发展瓶颈，就要解决万元地区生产总值的耗电量问题。

2018年1月，国务院正式批复《山东新旧动能转换综合试验区建设总体方案》。《方案》成为我国第一个以新旧动能转换为试验任务的区域发展战略，也成为全省上下的工作重心之一。新旧动能转换正切中东营市城镇化高质量发展的要害。东营市如能利用好此次新旧动能转换的契机，不仅能完美地弥补耗电量方面的短板，还能够进一步为新型城镇化提供长期可持续的动力支持，并以此为突破口打破瓶颈，调整经济发展动力。新旧动能转换尽管会带来淘汰落后产能等短期阵痛，但可为长期可持续发展奠定基础，实现城镇化高质量发展新的突破。

在推动新旧动能转换的时候，要注重新旧动能转换和城镇化发展质量的全面协调和相互支撑。要积极寻找结合点，强化两者的互动关联。新旧动能转换需要借助城镇化途径提高经济增长效率和科技创新能力，降低生态环境压力。同时，新型城镇化建设也必须充分利用新旧动能转换的重要时机，将新旧动能转换融入城镇化动力机制和结构性调整规划中，将市场空间、要素资源配置到新动能的培育与发展上，为新型城镇化建设植入发展新动能，推进产城融合发展，提升城镇承载能力。应通过产业结构升级减轻城市发展对自然资源的依赖与对环境的污染，通过技术创新、制度创新等提高城镇化建设的质量与效率。对东营市来说，就需要减轻东营市支柱产业对电力消耗的依赖，通过技术创新，使产业转向新能源消耗，提升城镇化质量。同时也要促进产业结构升级，大力发展第三产业，减轻东营市城市经济体系对高耗能产业的依赖。要树立以人为本的城镇化及新旧动能转化推进理念，真正让市民享受新型城镇化、新旧动能转换的成果，实现人的城镇化和生活方式的城镇化。

二、提高滨州市城镇化质量的建议

相较于东营市城镇化发展质量的高水准，同处黄三角地区的滨州市的城镇化发展质量有所欠缺：基本上一直处于山东省的平均水准，无论在发展速度还是在发展跨度上看，都不具备优势。从具体评价指标上来分析，滨州市的城镇化高质量发展同样具有两个明显缺陷：第一，滨州市城镇化质量发展的各项内容在 10 年间的发展均十分平稳，中规中矩，虽然没有倒退，但也始终没有得到跨越式的发展。要真正有效地提高滨州市城镇化质量，就需要对城市的发展策略进行重大改革，找到新的发展道路，大幅度提高滨州市城镇化发展质量。第二，滨州市的城镇化质量在人居环境上存在一定短板，尤其是二氧化硫排放量存在很大的波动，同时人均建设用地连年上升。在提升城镇化质量时，一定要注意结合人居环境，控制二氧化硫排放量和人均建设用地面积。

同东营市推进城镇化高质量发展所面临的瓶颈相同，滨州市同样面临人居环境水平较差的问题。它成为最大短板，阻碍着城镇化水平向高质量迈进。不同的是东营市的城镇化质量很高，不需要对整体城镇化发展策略进行重大变革，只需要解决某一方面的问题，就能达到提升城镇化发展质量的目标，而滨州市则需要进一步改变整个城市的城镇化发展模式，注意解决人居环境相关环节存在的问题。

山东省成为我国第一个新旧动能转换试验区，面临前所未有的契机。滨州市更应该利用这个机会，使城镇化水平达到一个新的高度。

在结合新旧动能转换提高城镇化发展质量时，要注重两者各自的全面协调发展。新型城镇化是涵盖人口就业、经济发展、城市建设、社会发展、居民生活和生态环境等多个方面的有机发展整体，新旧动能转换也综合体现了区域经济发展的质量效益、创新能力、对外开放及环保民生等方面。两者都应积极推动内部结构的全面协调发展，某一方面的过度超前或滞后都会影响整体的健康度和可持续性。

同时，在制定新的发展策略时，要始终明确城镇化发展质量建设与新旧动能转换最终都以人的城镇化为发展目标，两者的发展目标是一致的。针对目前城镇化出现的发展难题及新旧动能转换的发展任务，要注重解决城镇化过程中的社会问题，通过改善基础设施、完善公共服务、转变生活方式等，提高城镇居民的生活质量和获得感、幸福感。同时在发展路径上，要以新旧动能转换为抓手推进创新型城镇化建设，对大规模、有特色的区域性产业在科技创新、人才培养上给予引导支持，推进创新平台的建设。

最后，新产业的培育和发展在一定程度上受传统产业发展基础的影响较小，这对城镇化与新旧动能转换能力相对薄弱的城市是难得的发展机遇。滨州市传统产业相对不够强，但又具有一定的城镇化基础，具有相对充足的发展空间，对产业的后续发展也能提供一定的储备支持。在进一步健全完善交通网络等基础设施建设的同时，要对特色项目、相对优势项目实行鼓励性政策，促进城市经济繁荣发展，促进滨州市与发达地区和中心城市的公共资源流动，以公共服务均衡一体化布局为先导，促进城镇化和新旧动能转换的持续均衡发展。

三、黄三角地区总体发展建议

（一）城镇化质量的推进策略

1. 提高全要素生产率，带动城市发展。科技进步与城镇化进程相互影响，相互促进。2020年我国进入后工业时代，创新驱动战略改变生产要素的组合条件，不同行业之间的全要素生产率存在明显区别，这是技术更新的必然结果。经济增长越来越依赖技术和创新程度，全要素生产率提高和人力资本的提升是其最重要的贡献。因此提升城镇化质量，应抓住新一轮科技革命和产业变革机遇，通过促进专业型高端人才在空间上集聚，建设人才高地和创新高地，提升从科技到现实生产力的转换能力。政府应构建有利于产业创新的更加开放包容的市场竞争环境和产业生态环境，为科技创新和人才集聚创造更好的政策环境，通过汇聚全球性的资源，吸引各种不同背景、不同文化、不同国别的人才集聚，为城市发展带来全新动力。

2. 加强城市品质建设，提升居民的幸福感。当前人们对高质量的生活需求越来越强烈，高质量的城镇化应以民生的改善为出发点和落脚点，把经济发展成果拓展到生态、环保、社会等领域，改善市民的物质生活和精神文化生活，把经济发展、社会进步统一起来，把人与自然和谐统一起来，处理好人口集聚带来的各种城市问题。城镇化建设应规避空间的盲目扩张和资源要素的过度开采与使用，除了注重形象和速度外，更要重视以人为本。对城市的功能定位关键是要把宜居放在首位，优先满足居民的生活需要和生态环境保护。城市品质和居民美好的生活环境不仅需要良好的基础设施条件，还要有公平的各项制度、较高的城镇福利保障水平、较高的城镇文明水平和较高的城镇人口素质。因此，城市建设应追求和谐的生态环境、高品质的社会和人文环境，提升居民的归属感和幸福感。新型智慧城市是当今世界城市发展的趋势和特征，有利于创造一个适宜乐居的城市生活环境，也是我国新时期城市经济发展的战略取向。利用信息和通信技术，促进不同发展阶段的城市空间管理体系与社会治理机制的动态融合，关注不同利益相关群体的多元化需求，有利于政府管理和企业运营，更有利于市民工作和生活。

3. 找准定位，建设特色小镇。除了大中城市要高质量发展外，城镇化质量的提升还应重视小城镇的发展。小城镇如果缺乏产业支撑，其吸纳就业的能力会不断削弱，投资也会存在较大缺口，从而导致城镇发展缺乏动力，进而造成"空城化"现象。产业是城镇建设的支撑。每个城镇都有自身的自然禀赋以及历史人文与经济条件，各区域应充分发挥自身比较优势和区位特点，避免同质竞争，实现资源有效配置。城镇建设要依照区域优势、自然禀赋、资源条件找准定位，以特色为主，多业驱动，构建复合型、集约化的多业态经济体系。对于具有特色文化资源的小城镇应彰显地方的文化底蕴，将其培育成为休闲旅游、商贸物流、科技教育、民俗文化传承等专业特色镇；对于无特色的农业地区，小城镇的主要功能是集市经济，主要服务于地方性的农业生产及社会交往。应该通过补齐城镇基础设施，完善行政服务、教育、医疗等公共服务的短板，让农民也享受到城镇化的成果。

4. 培育新型农民，促进乡村振兴。政府、企业、农民被学界认定为推动城镇化建设的三大主题。要实现城乡居民共享社会经济发展成果，关键在于不断缩小城乡差距。实施乡村振兴战略，除了依靠周边企业的支持或者主导产业吸引更多的农民就地就业外，还需要培育新型农民。新型农民是发展现代化农业、振兴乡村的新力量。农民队伍素质和创业能力的提高是农村发展的内生动力。在互联网发展的浪潮中，"互联官网＋"为农村城镇化带来新的机遇。农民可以借助互联网技术，结合特色农产品，通过农村电子商务以及创新网络直播模式衔接农产品供给与市场需求来带动本地经济发展。农业还可以利用互联网技术改造传统农业的全链条，提升产业化水平和协作化程度。

（二）城镇化质量提高机制

1.建立城市群发展协调机制。统筹制定实施城市群规划，明确城市群发展目标、空间结构和开发方向，明确城市的功能定位和分工，统筹交通基础设施和信息网络布局，加快推进城市群一体化进程。加强城市群规划与城镇体系规划、土地利用规划、生态环境规划的衔接，依法开展规划环境影响评价。中央政府负责跨省行政区的城市群规划编制和组织实施，省级政府负责本行政区内的城市群规划编制和组织实施。

建立完善跨区域城市发展协调机制要以城市群为主要平台，推动跨区域城市间产业分工、基础设施、环境治理等协调联动。要重点探索建立城市群管理协调模式，创新城市群要素市场管理机制，破除行政壁垒和垄断，促进生产要素自由流动和优化配置。

要建立城市群成本共担和利益共享机制，加快城市公共交通"一卡通"服务平台建设，推进跨区域互联互通，促进基础设施和公共服务设施共建共享，促进创新资源高效配置和开放共享，推动区域环境联防、联控、联治，实现城市群一体化发展。

2.完善城镇化建设投融资机制。现行投融资机制在实践中导致的隐性债务风险大、资金来源不稳定、融资安排不够规范、金融资源配置效率不高等问题，本质上都是政府与市场、中央与地方以及财政与金融关系尚未理顺的集中体现。新型投融资机制的构建要着力推动解决这些问题。应建立多元化、可持续的城镇化投融资机制，注重融资主体多元化、融资模式多样化和提高直接融资比重，解决财政负担过重问题，降低金融体系运行风险，形成多元均衡、可持续的城镇化融资机制。

3.完善城乡发展一体化体制机制。要加快消除城乡二元结构的体制机制障碍，推进城乡要素平等交换和公共资源均衡配置，让广大农民平等参与现代化进程、共同分享现代化成果。要加快建立城乡统一的人力资源市场，落实城乡劳动者平等就业、同工同酬制度。要建立城乡统一的建设用地市场，保障农民公平分享土地增值收益。要建立健全有利于农业科技人员下乡、农业科技成果转化、先进农业技术推广的激励和利益分享机制。要扩大公共财政覆盖农村的范围，提高基础设施和公共服务保障水平。要统筹城乡基础设施建设，加快基础设施向农村延伸，强化城乡基础设施连接，推动水电路气等基础设施城乡联网、共建共享。要加快公共服务向农村覆盖。

（三）提高城镇化质量的具体措施

1.创新驱动，以高质量引擎助力发展模式转型。提升城镇化质量，应抓住新一轮科技革命和产业变革的机遇，通过促进专业型高端人才在空间上集聚，建设人才高地和创新高地，提升从科技到现实生产力的转换能力。政府应构建有利于产业创新的更加开放包容的市场竞争环境和产业生态环境，为科技创新和人才集聚创造更好的政策环境，通过汇聚全球资源，吸引各种不同背景、不同文化、不同国别的人才集聚，为城市发展带来全新动力。要坚持产业智能化、高端化、精细化为目标，引导和鼓励县内企业转型升级。要以科技进步为支撑，全面提升城乡发展智能化水平。

2.动能转换，以产业升级助力提质增效。新动能既来自新经济的发展壮大——"无中生有"，也来自于传统产业改造升级——"老树发新芽"。实现新旧动能转换，必须加快培育"无中生有"的新技术、新业态、新模式，推动"有中出新"的传统产业改造升级，激发壮大新动能，实现新旧动能转换。要通过发展新技术、新产业、新业态、新模式，实现产业智慧化、智慧产业化、跨界融合化、品牌高端化，在新旧动能转换发展过程中，找准城镇化发展的新着力点和实施路径，并注入新动力。

3.绿色带动，以生态载体助力持续发展。城镇化不能只顾及经济的发展，也要注意资源的可持续利用，尤其是土地资源、水资源和能源等。在经济体制方面，要对产业结构进行合理的调整，将经济重心放在无污染、无危害的企业，提高或引进行业优良的生态技术，尽量减少污染，对污染超标且不进行处理、不愿负责的企业进行关闭。在公共建设方面，在城市街道设计中要提高绿化率，对于已出现的污染要进行治理，对已经破坏的生态环境要进行恢复；对于集体性的供水供暖管道要进行改建，并且供应清洁能源作为生活能源。

4.民生联动，以增进福祉助力和谐发展。城镇化的推进必须以人为核心，从群众的角度去决策，按照实际情况去推动城镇化进程，使进程规划合理、方案设计严谨、城市新建科学合理，在提高新入城群体的生活水平的前提下，做到帕累托改进，使原城镇居民生活不受负面影响。落实基本公共服务均等化，在于使城乡之间、经济发达地区与欠发达地区之间、"农转非"群体与原城镇居民之间、困难群体与非困难群体之间，不因户籍、祖籍、职业、性别等身份的不同受到不公正待遇，在教育、医疗卫生、基本公共设施使用、就业、法律维权、社会保障等基本公共服务领域享受同等待遇。政府应当解决各项民生问题，增强经济与社会发展的协调性，使社会利益格局朝着公平与普惠的方向发展。

第五章

黄三角地区上市公司发展报告

万俊斌　陈昌健[*]

本章概述了山东省境内上市公司的总体情况，以黄河三角洲高效生态经济区 21 家上市公司 2018 年的发展状况为中心，在反映规模、盈利、运营、风险、社会贡献、行业内发展等情况的指标方面，通过与全国、山东省上市公司的横向比较，以及与 2017 年相关数值的纵向比较，分析了黄三角地区上市公司 2018 年的经营状况。本报告认为，2018 年，黄三角地区上市公司主要集中在制造业，资产规模小，固定资产占比高，市值缩水严重，运营、盈利、偿债等方面的经营能力有待加强。为此，政府要加强规划引领，改善营商环境，精准招商引资，提供人才引进和培育上的支持与保障；企业要增强使命感，在企业文化、管理制度、商业模式、核心竞争力、产业链优化等方面持续提升自己。

第一节　山东省上市公司总体发展情况

2018 年，山东省上市公司总体发展较为稳定。根据中国证券监督管理委员会统计信息[1]，截至 2018 年 12 月 31 日，山东省上市公司数量相对

---

* 万俊斌，山东大学山东发展研究院讲师；陈昌健，山东大学经济研究院硕士研究生。
1 中国证券监察委员会官方网站，http://www.csrc.gov.cn/pub/shandong/。

2017 年相比没有大的变化，上市公司总数量依然是 196 家。其中，发行 A 股的公司是 194 家，发行 B 股的公司是 5 家，AB 股均发行的公司仍然是 3 家，ST 公司 0 家，退市公司 0 家。但相比 2017 年，境内外均发行的公司增加 1 家，从 7 家变成 8 家；*ST 公司[1] 从 2 家变成 5 家，增加了 3 家；拟上市公司从 90 家变成 96 家，增加了 6 家。

2018 年，山东省上市公司 A、B 股的总股本数量小幅增加，境外股（H 股）没有变化，但总市值、流通市值大幅度缩水。山东上市公司总股本从 2017 年的 1 969.4 亿股增加到 2018 年的 2 073.35 亿股，但受当年股市交易总体行情萎靡的影响，其总市值（境内）从 2017 年的 21 192.03 亿元缩减到 2018 年的 14 658.6 亿元，减少 30.8%；流通市值（境内）从 2017 年的 20 253.24 亿元缩减到 2018 年的 14 218.73 亿元，减少 29.8%。

表 5-1　山东省境内上市公司总体情况（截至 2018 年 12 月）

行次	项目	单位	总额
1	上市公司	家	196
2	其中：发行 A 股公司	家	194
3	发行 B 股公司	家	5
4	A、B 股均发行公司	家	3
5	境内、外均发行公司	家	8
6	ST 公司	家	0
7	*ST 公司	家	5
8	退市公司家数	家	0
9	拟上市公司家数	家	96
10	上市公司总股本	亿股	2 073.35
11	其中：流通股本 A 股	亿股	1 654.9
12	B 股	亿股	14.59
13	境内上市公司境外股（H 股）	亿股	60.54
14	上市公司总市值（境内）	亿元	14 658.6
15	上市公司流通市值（境内）	亿元	14 218.73

数据来源：中国证券监督管理委员会，http://www.csrc.gov.cn/pub/newsite/。

注：表中境外发行公司数不包含纯境外上市公司。

1　*ST 公司是指因经营连续亏损等原因被沪深证券交易所实行退市风险警示的境内上市公司。

从 2017 年到 2018 年，在山东省 17 个 [1] 地市中，青岛市上市公司数量从 29 家增加到 30 家，滨州从 8 家减少到 7 家，其他各地级市上市公司数量没有变化。上市公司数量最多的依然是烟台市 38 家，最少的依然是枣庄市、日照市、莱芜市，都是只有 1 家。

从 2017 年到 2018 年，山东省多数地市的拟上市公司数量都有变化。烟台市拟上市公司数量从 12 家减少到 10 家，青岛市从 23 家增加到 24 家，济南市从 17 家增加到 18 家；淄博市从 8 家增加到 9 家，潍坊市从 8 家增加到 11 家，威海市从 4 家减少到 3 家，德州市从 4 家增加到 5 家，滨州市从 2 家减少到 1 家，东营市从 2 家增加到 3 家，泰安市从 1 家减少到 0 家，聊城市从 1 家增加到 2 家，枣庄市从 1 家增加到 2 家，日照市从 3 家增加到 4 家，其他城市没有变动。拟上市公司数量最多的城市是青岛市，为 24 家；最少的城市是泰安市、菏泽市，都为 0 家。

表 5-2　山东省境内上市公司、拟上市公司地区分布表
（截至 2018 年 12 月 31 日）

地市名称	上市公司数量（家）	拟上市公司数量（家）
烟台	38	10
青岛	30	24
济南	25	18
淄博	23	9
潍坊	22	11
威海	11	3
济宁	9	1
德州	9	5
滨州	7	1
东营	5	3
泰安	4	0

1　对 2018 年的报告依然按山东 17 个城市统计。

续表 5-2

地市名称	上市公司数量（家）	拟上市公司数量（家）
聊城	4	2
临沂	4	1
菏泽	2	0
枣庄	1	2
日照	1	4
莱芜	1	2
合计	196	96

数据来源：中国证券监督管理委员会，http://www.csrc.gov.cn/pub/newsite/。

第二节 黄三角地区上市公司总体发展状况

截至 2018 年 12 月，黄三角地区上市公司数量为 21 家，比 2017 年减少 1 家。[1] 根据上市公司注册地址，淄博市的高青县没有上市公司；东营市共有 5 家，其中东营区 2 家、广饶县 2 家、垦利区 1 家；滨州市相比前一年减少了 1 家，共有 7 家，其中滨城区 3 家、无棣县 1 家、邹平市 1 家、博兴县 2 家；潍坊市共有 6 家，其中寒亭区 2 家、寿光市 3 家、昌邑市 1 家；烟台市的莱州市有 2 家，德州市的乐陵市有 1 家。

在 21 家上市公司中，渤海汽车、华纺股份、鲁北化工、石大胜华、晨鸣纸业为国有法人控股，其他为非国有法人或自然人控股。华泰股份、科达股份等 10 家在上海证券交易所上市；西王食品、晨鸣纸业等 3 家在深证主板上市，宝莫股份、康跃科技等 3 家在深证创业板上市，国瓷材料、山东墨龙等 5 家在中小板上市。

---

1 滨州市上市公司北讯集团（证券代码 002359）于 2018 年 3 月 3 日公告称其注册地址已迁往深圳市，因而本次报告没有将其作为黄三角地区上市公司进行汇报。

表5-3 黄三角地区上市公司股票上市交易场所分布

地区名称	上海证券交易所	深圳证券交易所			合计
		主板	创业板	中小板	
东营市	华泰股份，科达股份，石大胜华	——	宝莫股份	国瓷材料	5
滨州市	华纺股份，鲁北化工，渤海汽车，滨化股份，先达股份	西王食品	——	宏创控股	7
潍坊寒亭区、寿光市、昌邑市	亚星化学	晨鸣纸业，恒天海龙	康跃科技，同大股份	山东墨龙	6
烟台莱州市	——	——	——	登海种业，弘宇股份	2
德州乐陵市、庆云县	金麒麟	——	——	——	1
淄博高青县	——	——	——	——	0
合计	10	3	3	5	21

黄三角地区 21 家公司上市最早的是 1996 年上市的鲁北化工、恒天海龙，最近的是 2017 年上市的金麒麟、先达股份、弘宇股份。21 家上市公司中多数公司在发展过程中都经过了股票名称的变更。上市公司改名的原因分为两大类。其一是被动改名，主要有以下几种情况：（1）由于业绩亏损或者扭亏等情况被交易所更名，比如正常名变更为 ST、*ST 股票，ST、*ST 股票变更为正常名以及 ST 股票、*ST 股票之间的相互变更；（2）2005 年的股权分置改革造成的股票名称变更。其二是上市公司主动改名[1]，主要有以下几种情况：（1）借壳上市；（2）公司重组；（3）并购；（4）上市公司主营业务的转型；（5）纯粹为赶市场热点；（6）隐藏过去的负面信息。

在黄三角地区上市公司股票名称变更过程中，山东墨龙、晨鸣纸业、华泰股份、科达股份、登海种业、华纺股份、亚星化学、鲁北化工发生过被动改名；西王食品、渤海汽车、宏创控股、恒天海龙属于主动改名和被动改名类型都有的上市公司；滨化股份、国瓷材料、金麒麟、石大胜华、

---

[1] 上市公司主动改名需开董事会，经 2/3 以上的董事同意后提交证监会，获得批准方可。

康跃科技、先达股份、宝莫股份、同大股份、弘宇股份未曾更改过股票名称。晨鸣纸业、华泰股份、科达股份、渤海汽车、登海种业、华纺股份未曾被 ST 或者 *ST。

表 5-4　黄三角地区各上市公司股票名称变更情况

上市公司名称	证券名称变更过程	变更原因
山东墨龙	山东墨龙→*ST 墨龙	被动
晨鸣纸业	晨鸣纸业→G 晨鸣	被动
华泰股份	华泰股份→G 华泰	被动
科达股份	科达股份→G 科达	被动
滨化集团（证券名滨化股份）	滨化股份	无
西王食品	株洲庆云→ST 株庆云→庆云发展→金德发展→G 金德→金德发展	主动 + 被动
渤海汽车	滨州活塞→G 活塞→滨州活塞→渤海活塞	主动 + 被动
登海种业	登海种业→G 登海	被动
华纺股份	华纺股份→G 华纺	被动
国瓷材料	国瓷材料	无
金麒麟	金麒麟	无
石大胜华	石大胜华	无
康跃科技	康跃科技	无
亚星化学	亚星化学→G 亚星→亚星化学→*ST 亚星→亚星化学→*ST 亚星	被动
鲁北化工	鲁北化工→G 鲁北→鲁北化工→*ST 鲁北→ST 鲁北	被动
先达股份	先达股份	无
宏创控股	鲁丰股份→鲁丰环保→*ST 鲁丰→鲁丰环保	主动 + 被动
宝莫股份	宝莫股份	无
恒天海龙	山东海龙→G 海龙→山东海龙→ST 海龙→*ST 海龙→山东海龙→恒天海龙→*ST 海龙	主动 + 被动
同大股份	同大股份	无
弘宇股份	弘宇股份	无

备注：证券代码前加 G 意味着该股票股权分置改革已经完成。

北讯集团的迁册，使黄三角地区上市公司的行业分布更显集中，化学原料及化学制品制造业特色更加鲜明。在 21 家上市公司中，登海种业属农业（A01），科达股份为互联网和相关服务（I64），剩下的 19 家公司都属制造业（C）[1]。在 19 家制造业企业中，宝莫股份、国瓷材料等 7 家属化学原料及化学制品制造业，占总数的 36.84%；另有 2 家造纸及纸制品业（C22）企业、2 家专用设备制造业（C35）企业、2 家汽车制造业（C36）企业，还有农副食品加工业（C13）、纺织业（C17）、化学纤维制造业（C28）、橡胶和塑料制品业（C29）、有色金属冶炼及压延加工业（C32）、电气机械及器材制造业（C38）上市公司各 1 家（具体见表 5-5）。

表 5-5　上市公司所属行业的行业名称与行业代码

证券代码	公司简称	行业代码	行业名称
000488	晨鸣纸业	C22	造纸及纸制品业
000639	西王食品	C13	农副食品加工业
000677	恒天海龙	C28	化学纤维制造业
002041	登海种业	A01	农业
002379	宏创控股	C32	有色金属冶炼及压延加工业
002476	宝莫股份	C26	化学原料及化学制品制造业
002490	山东墨龙	C35	专用设备制造业
002890	弘宇股份	C35	专用设备制造业
300285	国瓷材料	C26	化学原料及化学制品制造业
300321	同大股份	C29	橡胶和塑料制品业
300391	康跃科技	C38	电气机械及器材制造业
600308	华泰股份	C22	造纸及纸制品业
600319	亚星化	C26	化学原料及化学制品制造业
600448	华纺股份	C17	纺织业
600727	鲁北化工	C26	化学原料及化学制品制造业
600960	渤海活塞	C36	汽车制造业

1　根据中国证券监督管理委员会《上市公司行业分类指引（2012 年修订）》的分类。

续表 5-5

证券代码	公司简称	行业代码	行业名称
600986	科达股份	I64	互联网和相关服务
601678	滨化股份	C26	化学原料及化学制品制造业
603026	石大胜华	C26	化学原料及化学制品制造业
603086	先达股份	C26	化学原料及化学制品制造业
603586	金麒麟	C36	汽车制造业

第三节 黄三角地区上市公司经营情况分析

一、资产和市值规模

在资产规模上，黄三角地区上市公司的资产规模较小，固定资产比重较高。截至 2018 年 12 月 31 日，黄三角地区 21 家上市公司总资产规模为 1 958.44 亿元，占山东省所有上市公司总资产的 7.29%，相比 2017 年的 8.66% 有所下降，占全国上市公司总资产的 0.08%，略低于 2017 年的 0.09%。黄三角地区上市公司所有者权益为 785.03 亿元，占山东省的 6.76%，占全国的 0.20%，分别低于 2017 年的 8.34% 和 0.23%。黄三角地区上市公司固定资产规模为 528.53 亿元，占山东省的 7.35%，占全国的 0.37%，也分别低于 2017 年的 8.81% 和 0.41%。黄三角地区上市公司固定资产占总资产的比重为 26.99%，略高于全省的 26.77%，远高于全国的 5.93%。

2018 年，21 家上市公司平均总资产为 93.26 亿元，比 2017 年增长 2.82%。平均总资产是全省平均水平的 69.08%，是全国平均水平的 13.78%；增长速度低于全省的 13.64%，低于全国的 6.98%。仅有造纸与纸制品行业的晨鸣纸业、华泰股份 2 家公司的总资产高于全省水平，仅有晨鸣纸业 1 家公司高于全国水平。上市公司之间资产规模两极化十分严重。总资产最高公司晨鸣纸业 1 053.19 亿元的规模是第二名华泰股份 140.73 亿元的 7.5 倍，是总资产最低的专业设备制造业公司弘宇股份 6.38 亿元的 165 倍。另外，同大股份、恒天海龙的总资产分别为 7.35 亿元、8.73 亿元，位居第 20 位和第 19 位，分属于橡胶与塑料制品业、化学纤维制造业。

黄三角地区上市公司平均固定资产净额为 25.17 亿元，比 2017 年增长 0.76%。平均固定资产净额是全省水平的 69.65%、全国水平的 62.71%，增长幅度低于山东的 15.98% 和全国的 5.72%。固定资产净额最高的是晨鸣纸业和华泰股份，最低的是科达股份，仅有 3 000 万元。科达股份属于互联网和相关服务行业，行业公司普遍固定资产少，但是相比 2017 年的 6 000 万元还是有大幅缩水。处于第 20 位的公司是弘宇股份，拥有固定资产 1.43 亿元。

黄三角地区固定资产占总资产的比重略高于全省水平，远高于全国水平。相比 2017 年，全国上市公司固定资产占总资产的比重下降了 0.07%，山东省上市公司上升了 1.84%，而黄三角地区上市公司则下降了 0.3%。具体地看，固定资产占总资产比重最高的是化学原料及化学制品制造业的亚星化学，固定资产占比为 54.77%（2017 年占比最高的则是华泰股份，为 51.37%），固定资产占比最低的是互联网和相关服务行业的科达股份，为 0.29%。

黄三角地区上市公司所有者权益总额平均值是全省水平的 64.02%、全国水平的 33.64%，相比 2017 年的水平有小幅减少，但全省、全国水平却相比 2017 年有所增加。所有者权益总额最高的公司仍是晨鸣纸业，总值为 258.72 亿元，比 2017 度减少 44.02 亿元；所有者权益最少的公司仍是亚星化学，总值为 0.37 亿元，比 2017 年的 0.33 亿元略有增长。

表 5-6　黄三角地区上市公司总资产、固定资产、所有者权益
（截至 2018 年 12 月 31 日）

公司简称	资产总计（亿元）	固定资产净额（亿元）	固定资产占总资产比重（%）	所有者权益（亿元）
晨鸣纸业	1 053.19	279.14	26.50	258.72
华泰股份	140.73	65.84	46.78	78.95
科达股份	103.12	0.30	0.29	62.54
滨化股份	106.60	46.52	43.64	61.98
西王食品	102.80	6.88	6.69	50.26
渤海汽车	94.82	21.14	22.29	52.24

续表5-6

公司简称	资产总计（亿元）	固定资产净额（亿元）	固定资产占总资产比重（%）	所有者权益（亿元）
山东墨龙	66.08	29.16	44.13	20.14
登海种业	37.58	6.49	17.27	32.65
华纺股份	36.38	9.64	26.50	14.71
国瓷材料	43.78	8.62	19.69	34.84
金麒麟	28.67	6.88	24.00	21.44
石大胜华	27.74	11.17	40.27	17.07
康跃科技	20.84	3.35	16.07	14.32
亚星化学	12.78	7.00	54.77	0.37
鲁北化工	18.88	8.18	43.33	13.46
先达股份	17.30	1.89	10.92	13.57
宏创控股	14.16	4.21	29.73	12.56
宝莫股份	10.53	3.36	31.91	7.18
恒天海龙	8.73	4.64	53.15	6.57
同大股份	7.35	2.69	36.60	6.16
弘宇股份	6.38	1.43	22.41	5.30
黄三角地区总值	1 958.44	528.53	26.99	785.03
山东地区总值	26 867.64	7 192.42	26.77	11 618.93
全国总值	2 410 051.94	142 936.10	5.93	395 723.42
黄三角地区均值[1]	93.26	25.17	29.38	37.38
山东地区均值[2]	135.01	36.14	26.77	58.39
全国均值[3]	676.79	40.14	5.93	111.13

1　表中"黄三角地区均值"指的是黄河三角洲高效生态经济区21家上市公司总体水平。本章后文表中"黄三角地区均值"意思与此相同。
2　表中"山东地区均值"指的是山东省194家境内A股（包括深市中小板和创业板）上市公司的总体水平。本章后文表中"山东地区均值"意思与此相同。
3　表中"全国均值"指的是以2019年全国3561家境内A股上市公司代表全国水平。另外，截至2019年7月15日，上海证券交易所上市公司数量1441家；深圳证券交易所上市公司数量2120家，其中，主板461家，中小板921家，创业板738家。所以说，2019年7月15日，中国大陆境内A股上市公司（包括深市中小板和创业板）共3561家。

在市值规模方面，从均值上看，2018 年黄三角地区上市公司平均个股交易股数、平均年个股流通市值和平均总市值分别是 18.17 亿股、32.01 亿元和 37.96 亿元，平均个股交易股数稍低于全省、全国水平，平均流通市值和平均总市值大约是全省水平的一半和全国水平的三分之一。从总值上看，全国个股总市值从 2017 年末的 565 190.31 亿元减少到 395 723.42 亿元，山东全省上市公司个股总市值从 20 804.48 减少到 11 618.93 亿元，全国和全省个股总市值各自缩水至 2017 年的 76.66% 和 70.61%。2018 年黄三角地区上市公司年个股交易股数从 2017 年的 292.62 亿股大幅度增加到 381.48 亿股，增长了 30.37%，但受全国股市行情的影响，其年个股流通市值、年个股总市值分别从从 2017 年的 1 156.70 亿元、1 528.51 亿元大幅缩水到 670.20 亿元和 797.15 亿元，分别是 2017 年的 57.94% 和 52.15%，市值减少幅度远大于全国、全省幅度。

21 家上市公司当中，总市值缩水最多的是登海种业、亚星化学和渤海汽车，它们的总市值分别只有 2017 年的 41.94%、45.38% 和 47.77%；国瓷材料、康跃科技、华纺股份、山东墨龙、先达股份缩水较少，它们 2018 年的总市值分别是 2017 年的 89.47%、87.24%、87.01%、85.75% 和 81.22%。目前，国瓷材料的总市值规模最大，为 107.06 亿元；同大股份的市值规模最小，是 11.23 亿元，年个股总市值最高的公司是最低的 9 倍以上。年个股流通市值最高的是晨鸣纸业 92.97 亿元，最低的是弘宇股份为 7.29 亿元，年个股流通市值最多的公司是最低的 12 倍以上。国瓷材料虽然总市值最大但是流通市值并不如此，因为公司上市时间较晚（2012 年上市）并且增发。该股自上市以来累计增发 5 次，其中成功 2 次，失败 3 次，进行中 0 次，累计实际募资净额为 15.98 亿元，导致仍有大量股份尚未解禁；弘宇股份流通市值最小是由于其于 2017 年 8 月才上市，上市时间短，仍有近 30% 的股票尚未解禁。另外，年个股交易股数最多的是滨化股份 65.17 亿股，最少的是同大股份 2 亿股，年个股交易股数最多的公司是最少的 32 倍以上。

表 5-7　黄三角地区上市公司交易股数和总市值

（截至 2018 年 12 月 31 日）

公司简称	年个股交易股数（亿股）	年个股流通市值（亿元）	年个股总市值（亿元）
晨鸣纸业	52.75	92.97	93.69
华泰股份	26.09	50.79	50.79
科达股份	31.25	53.29	55.54
滨化股份	43.82	65.17	65.17
西王食品	9.57	33.80	49.42
渤海汽车	16.92	23.94	33.46
山东墨龙	21.54	12.16	22.81
登海种业	17.87	47.10	47.43
华纺股份	44.88	24.76	25.25
国瓷材料	8.55	67.12	107.06
金麒麟	3.70	12.67	27.30
石大胜华	9.98	39.12	39.12
康跃科技	3.52	7.62	22.70
亚星化学	16.46	14.52	14.52
鲁北化工	14.92	19.27	19.27
先达股份	3.58	16.16	24.95
宏创控股	12.08	25.37	25.38
宝莫股份	22.77	26.15	27.30
恒天海龙	15.91	22.46	22.46
同大股份	2.00	10.47	11.23
弘宇股份	3.32	7.29	12.30
黄三角地区总值	381.48	672.20	797.15
山东地区总值	3 965.10	11 716.32	14 689.98
全国总值	81 552.89	351 758.68	433 256.21
黄三角地区均值	18.17	32.01	37.96
山东地区均值	19.93	58.88	73.82
全国均值	22.87	98.64	121.50

二、盈利能力

2018 年黄三角地区上市公司盈利能力接近全省水平，高于全国水平，相对 2017 年有所下降。2018 年黄三角上市公司综合收益总额从 2017 年的 81.61 亿元减少为 61.18 亿元，下降 25%；各公司综合收益总额的均值从 3.71 亿元减少到 2.91 亿元，是全省水平的 50.96%，仅为全国水平的 27.61%；总资产报酬率均值从 6.55% 降低为 5.92%，是全省均值的 93.38%、全国均值的 142%；净资产收益率均值从 13.84% 下降到 4.99%，是全省水平的 97.65%，全国水平的 179%。

在 21 家上市公司中，晨鸣纸业综合收益总额位居黄三角地区第一，高于全省、全国均值水平，但总额从 2017 年的 42.1 亿元减少到 21.82 亿元。接下来的华泰股份、滨化股份、西王食品 3 家公司各自综合收益总额高于全省但低于全国均值水平，分别为 7.2 亿元、6.99 亿元和 6.66 亿元。对比 2017 年，黄三角上市公司综合收益总额 2018 年出现了负值。综合收益最低的为宝莫股份，数值为 −2.64 亿元；其次是登海种业，数值为 −0.25 亿元。亚星化学、宏创控股、恒天海龙等其他公司的综合收益都不足 1 000 万元。

总资产报酬率数值最高的公司是国瓷材料，为 21.22%；然后是先达股份、西王食品、石大胜华、滨化股份，总资产报酬率分别为 20.28%、14.12%、12.89% 和 11.85%。总资产报酬率最低的公司是宝莫股份，为 −30.95%，是唯一总资产报酬率为负的公司。

净资产收益率最高的公司是先达股份，为 18.92%；最低的公司是宝莫股份，为 −23.43%。2017 年净资产收益率前三名的公司分别为亚星化学、西王食品、滨化股份，数值分别为 133.17%、15.85%、15.45%；而 2018 年净资产收益率前三名的公司分别为先达股份、国瓷材料、滨化股份，数值分别为 18.92%、16.84% 和 11.88%。

表 5-8 黄三角地区上市公司盈利能力
（截至 2018 年 12 月 31 日）

公司简称	综合收益总额(亿元)	总资产报酬率（%）	净资产收益率（%）
晨鸣纸业	21.82	9.50	5.86
华泰股份	7.20	9.70	7.70
科达股份	2.86	4.32	4.19
滨化股份	6.99	11.85	11.88
西王食品	6.66	14.12	9.63
渤海汽车	3.52	2.99	2.69
山东墨龙	1.01	4.85	4.01
登海种业	−0.25	1.16	−0.08
华纺股份	0.21	1.44	1.79
国瓷材料	5.58	21.22	16.84
金麒麟	0.88	4.15	4.37
石大胜华	2.04	12.89	10.63
康跃科技	1.10	8.61	6.64
亚星化学	0.03	8.96	4.10
鲁北化工	0.94	7.78	5.55
先达股份	2.51	20.28	18.92
宏创控股	0.09	0.69	0.66
宝莫股份	−2.64	−30.95	−23.43
恒天海龙	0.06	0.49	3.27
同大股份	0.29	4.76	4.18
弘宇股份	0.28	5.43	5.33
黄三角地区均值	2.91	5.92	4.99
山东地区均值	5.71	6.34	5.11
全国均值	10.54	4.17	2.79

三、发展成长能力

2018 年，黄三角地区上市公司净资产和总资产增长率均值分别为12.57% 和 8.67%，净资产增长率均值高于全省的 8.52% 和全国的 6.48%，总资产增长率均值低于全省的 18.07% 和全国的 11.56%。在净利润增长率方面，黄三角地区、全省、全国上市公司的均值都由前一年的正值转为负值，受个别极端值的影响，分别达到 −3 226.99%、−2 154.79% 和 −244.31%。

具体而言，在净利润增长率方面，21 家上市公司中有 12 家净利润增长率为负数。增长率最高的公司华纺股份的增长率为 205.7%——这一数值相比 2017 年增长率最高公司康跃科技 2 841.83% 的水平已经大大下降。增长率最低的公司是宝莫股份，其数值达到 −68 016.23%，而 2017 年的最低净利润增长率是登海种业，增长率为 −73.89%。宝莫股份的这一极端值降低了黄三角地区的净利润增长率的总体均值水平。

黄三角地区上市公司净资产增长率均值高于全省、全国平均水平，只有 3 家增长率为负数。其中，增长率最高的是西王食品、国瓷材料、康跃科技和先达股份，其数值分别为 93.66%、68.97%、53.49% 和 21.39%；宝莫股份、晨鸣纸业、登海种业净资产增长率最低，分别为 −27.34%、−9.83% 和 −0.47%，其中宝莫股份继 2017 年之后再一次处于最低位置。

黄三角地区上市公司总资产增长率均值均低于全省、全国平均水平，有 6 家总资产增长率为负数。总资产增长率最高的公司为渤海汽车、滨化股份、西王食品和国瓷材料，各自的增长率为 39.89%、34.69%、33.38% 和 33.11%，但都低于 2017 年最高公司康跃科技的 163.19%；总资产增长率最低的公司为宝莫股份、亚星化学、登海种业，增长率为 −17.47%、−16% 和 −15.46%。宝莫股份同样连续第二年处于总资产增长率最低的位置，甚至低于 2017 年 −12.01% 的水平。[1]

---

1 宝莫股份在 2018 年度报告中给出解释：报告期内，公司实现营业收入 44 989.07 万元，较 2017 年同期增加 9.78%；归属于上市公司股东净利润 −26 408.61 万元，较前一年同期大幅下滑。产生亏损的主要原因是：2018 年度新疆宝莫关于对某污水资源化处理 BOO 项目运营效益不达预期，出于谨慎性原则，公司对该资产组计提资产减值准备 9 420.26 万元；因考虑油气开采的投资强度、开采风险和开采难度，公司终止了某区块勘查项目，根据公司给国土资源部（现自然资源管理部）出具的银行保函，产生预计负债 12 065 万元；公司计提某有限公司的其他应收款减值准备 1 677.31 万元；等等。

表5-9　黄三角地区上市公司发展成长能力
（截至2018年12月31日）

公司简称	净利润增长率（%）	净资产增长率（%）	总资产增长率（%）
晨鸣纸业	−31.77	−9.83	−0.29
华泰股份	5.44	7.45	−1.39
科达股份	−41.17	1.58	−3.18
滨化股份	−14.70	7.38	34.69
西王食品	34.38	93.66	33.38
渤海汽车	−46.73	7.25	39.83
山东墨龙	191.91	3.98	6.18
登海种业	−118.10	−0.47	−15.46
华纺股份	205.70	1.44	5.45
国瓷材料	115.29	68.97	33.11
金麒麟	−49.19	1.26	1.81
石大胜华	−0.95	2.85	5.09
康跃科技	47.23	53.49	5.85
亚星化学	−88.32	12.72	−16.00
鲁北化工	19.92	8.14	28.33
先达股份	128.00	21.39	25.91
宏创控股	−78.06	0.69	5.43
宝莫股份	−68 016.23	−27.34	−17.47
恒天海龙	−17.19	0.49	3.31
同大股份	17.62	3.96	1.81
弘宇股份	−29.87	4.97	5.62
黄三角地区均值	−3 226.99	12.57	8.67
山东地区均值	−2 154.79	8.52	18.07
全国均值	−244.31	6.48	11.56

四、运营能力

在运营能力方面，本文主要使用总资产周转率、存货周转率、应收账款周转率、应付账款周转率、流动资产周转率、固定资产周转率六个指标进行分析。

用于评价资产使用效率的总资产周转率指标，2018 年黄三角地区上市公司的均值是 0.76 次，高于全省均值 0.72 次和全国均值 0.63 次。周转率在 1.00 次以上的是石大胜华（1.97 次）、亚星化学（1.44 次），科达股份（1.36 次）、宏创控股（1.10 次）、先达股份（1.05 次）、华泰股份（1.04 次）；周转率较低的有登海种业（0.19 次）、晨鸣纸业（0.27 次），还有弘宇股份、鲁北化工、宝莫股份（都是 0.39 次）。

存货周转率是企业运营能力分析的重要指标，2018 年黄三角地区上市公司均值为 6.53 次，低于全省的 8.01 次，远低于全国的 728.22 次。相比 2017 年黄三角地区上市公司的 6.61 次、全省的 112.56 次、全国的 102.48 次，黄三角地区上市公司的存货周转率保持了高度的稳定性。其中，存货周转率最高的分别是滨化股份 19.45 次、石大胜华 14.02 次、科达股份 13.58 次，周转率最低的是登海种业 0.59 次、弘宇股份 1.76 次、国瓷材料 2.57 次。

应收账款周转率反映了企业的收账能力和相对客户的谈判地位，对流动资产具有重要影响。黄三角地区上市公司应收账款周转率指标均值与全省、全国水平差距较大，收账能力有待加强。从数值上看，2018 年黄三角地区 21 家上市公司应收账款周转率为 15.93 次，但山东省上市公司均值为 134.57 次，全国上市公司均值为 57.52 次。21 家公司中，鲁北化工高达 90.33 次、滨化股份也高达 58.81 次，但康跃科技、国瓷材料、弘宇股份各自只有 2.64 次、2.77 次和 3.07 次。应收账款周转率指标数值两极分化较为严重。

应付账款周转率反映了公司对上游供应商的谈判地位。2018 年黄三角地区上市公司应付账款周转率均值为 8.01 次，略高于全省上市公司 7.34 次的均值。相对全省上市公司的平均水平，黄三角地区上市公司对上游供应商的谈判地位略低。同时，黄三角地区上市公司应付账款周转率均值低于全国上市公司 12.65 次的均值水平，说明相对全国上市公司平均水平，黄三角地区上市公司对上游供应商的谈判地位略高。其中，应付账款周转率最高的是宏创控股（25.97 次）、石大胜华（17.13 次）；最低的是鲁北化工（2.89 次）和弘宇股份（3.50 次），行业地位较高。

流动资产周转率反映资金周转速度。2018 年黄三角地区上市公司流动资产周转率均值为 1.67 次，全省上市公司均值为 1.56 次，全国为 1.23 次，黄三角地区上市公司流动资产周转率较高，而且相比 2017 年的 1.63 次，也有小幅提升。流动资产周转率最高的公司是石大胜华（3.87 次），最低的是登海种业（0.23 次）。

固定资产周转率能体现固定资产的利用情况。黄三角地区上市公司 2018 年的固定资产周转率均值为 17.7 次，全省上市公司均值为 20.91 次，全国均值为 20.85 次。黄三角地区上市公司固定资产利用水平低于全省水平和全国水平，但相比 2017 年 9.65 次的均值，已有一定提升。其中，科达股份固定资产周转率连续第二年最高，达 314.91 次；鲁北化工连续第二年固定资产周转率最低，为 0.86 次。

表 5-10　黄三角地区上市公司的运营能力
（截至 2018 年 12 月 31 日）

公司简称	总资产周转率（次）	存货周转率（次）	应收账款周转率（次）	应付账款周转率（次）	流动资产周转率（次）	固定资产周转率（次）
晨鸣纸业	0.27	3.10	8.17	4.86	0.59	1.03
华泰股份	1.04	9.34	16.36	7.61	2.65	2.12
科达股份	1.36	13.58	4.26	6.03	2.32	314.91
滨化股份	0.73	19.45	58.81	9.17	3.08	1.66
西王食品	0.65	4.91	13.96	9.64	2.06	8.30
渤海汽车	0.48	4.24	4.36	5.77	0.92	2.08
山东墨龙	0.69	3.82	9.73	4.52	1.55	1.53
登海种业	0.19	0.59	27.23	6.60	0.23	1.20

续表 5-10

公司简称	总资产周转率（次）	存货周转率（次）	应收账款周转率（次）	应付账款周转率（次）	流动资产周转率（次）	固定资产周转率（次）
华纺股份	0.92	3.53	12.58	6.49	1.52	3.33
国瓷材料	0.47	2.57	2.77	6.37	1.14	2.31
金麒麟	0.49	3.85	4.83	6.37	0.73	2.03
石大胜华	1.97	14.02	17.38	17.13	3.87	4.63
康跃科技	0.43	2.93	2.64	4.40	0.90	2.63
亚星化学	1.44	11.19	24.54	5.62	3.81	2.76
鲁北化工	0.39	4.52	90.33	2.89	0.96	0.86
先达股份	1.05	3.04	6.27	10.26	1.42	8.89
宏创控股	1.10	12.60	6.08	25.97	2.40	5.23
宝莫股份	0.39	5.85	4.74	4.23	0.68	1.13
恒天海龙	0.82	7.83	5.65	14.31	2.36	1.66
同大股份	0.64	4.40	10.68	6.52	1.28	1.82
弘宇股份	0.39	1.76	3.07	3.50	0.55	1.65
黄三角地区均值	0.76	6.53	15.93	8.01	1.67	17.70
山东地区均值	0.72	8.01	134.57	7.34	1.56	20.91
全国均值	0.63	728.22	57.52	12.65	1.23	20.85

五、偿债能力

资产负债率、权益乘数、产权比率、流动比率四项指标反映了企业的债务大小或者偿债能力。黄三角地区上市公司 2018 年平均资产负债率从 2017 年的 38.67% 降到 38.21%，低于全省的 43.24% 和全国的 44.94%；平均权益乘数为 3.3，比 2017 年 3.79 有所降低，仍高于全省的 2.22 和全国的 2.62；平均产权比率从 2017 年的 2.85 略减到 2.35，但高于全省的 1.40 和全国的 1.86；平均流动比率从 2017 年的 2.35 减到 2.21，低于全省的 2.23 和全国的 2.37。相对而言，黄三角地区上市公司的债务大小适中，偿债能力有限，债务风险较高。

在资产负债率、产权比率、权益乘数三个指标上，在黄三角地区上市公司中，亚星化学2018年的数值都是最高的，其资产负债率、权益乘数、产权比率分别高达97.12%、34.74和33.74，负债比率极高，债务风险较大。2017年，亚星化学资产负债率、权益乘数、产权比率三项指标也最高，分别为97.85%、46.62和45.61。相比2017年，2018年负债比率有所减少，但债务风险仍然较大。宏创控股、登海种业、弘宇股份、同大股份的资产负债率较低，都不到20%；宏创控股、登海种业、同大股份的权益乘数较低，均低于1.2；宏创控股、登海种业、同大股份的产权比率不高，小于0.2；宏创控股、登海种业、同大股份在三项指标上数值都较小，债务风险压力较小。

流动比率是流动资产和流动负债的比率，它反映企业短期偿债能力。比率不是越高越好，流动资产相对于流动负债太多，可能是存货积压，也可能是持有现金太多，因此需要结合行业自身情况制定合理的水平。一般认为，流动比率应该在2以上，那么我们就以2为界限进行分析。登海种业、弘宇股份、宝莫股份、同大股份、先达股份、宏创控股、金麒麟、国瓷材料、渤海汽车的数值都高于2，登海种业、弘宇股份的流动比率甚至高达6.41和4.46；亚星化学、山东墨龙、晨鸣纸业、滨化股份的流动比率都在数值1以下，其中亚星化学最低，为0.37。

表 5-11　黄三角地区上市公司的偿债能力
（截至 2018 年 12 月 31 日）

公司简称	资产负债率（%）	权益乘数	产权比率	流动比率
晨鸣纸业	75.43	4.07	3.17	0.78
华泰股份	43.90	1.78	0.80	1.10
科达股份	39.35	1.65	0.66	1.59
滨化股份	41.86	1.72	0.73	0.89
西王食品	51.10	2.05	1.20	1.39
渤海汽车	44.90	1.82	0.88	2.02

续表 5-11

公司简称	资产负债率（%）	权益乘数	产权比率	流动比率
山东墨龙	69.52	3.28	2.36	0.75
登海种业	13.14	1.15	0.18	6.41
华纺股份	59.56	2.47	1.47	1.11
国瓷材料	20.43	1.26	0.28	2.18
金麒麟	25.21	1.34	0.34	2.82
石大胜华	38.47	1.63	0.66	1.62
康跃科技	31.31	1.46	0.45	1.67
亚星化学	97.12	34.74	33.74	0.37
鲁北化工	28.68	1.40	0.43	1.34
先达股份	21.54	1.27	0.27	3.55
宏创控股	11.29	1.13	0.13	3.18
宝莫股份	31.78	1.47	0.47	3.86
恒天海龙	24.69	1.33	0.79	1.67
同大股份	16.10	1.19	0.19	3.72
弘宇股份	16.95	1.20	0.20	4.46
黄三角地区均值	38.21	3.30	2.35	2.21
山东地区均值	43.24	2.22	1.40	2.23
全国均值	44.94	2.62	1.86	2.37

六、社会贡献能力

安排就业、上缴税收是企业重要的社会贡献。到 2018 年 12 月 31 日，黄三角地区 21 家上市公司在职员工数占全省上市公司总数的 5.64%、全国的 0.23%，员工总计 58 695 人。相比 2017 年，员工总数有所增加，在全省和全国的占比略有下降。21 家上市公司应付职工薪酬 8.45 亿元，占全省上市公司应付职工薪酬总额的 3.45%，占全国的 0.10%；应交税费 13.27亿元，分别占全省的 5.42% 和全国的 0.10%。2018 年，黄三角地区上市公司的在职员工数、应付职工薪酬、应交税费均值分别为 2 795 人、4 000 万元、6 300 万元，低于全省 5 313 人、1.23 亿元、1.24 亿元的均值水平，更低于全国 7 306 人、2.46 亿元、3.75 亿元的均值水平，社会贡献能力较弱。在 21 家公司中，在职员工数量最多的是晨鸣纸业，员工数为 15 191 人；应付职工薪酬数额最大的是华泰股份，为 1.64 亿元；应交税费最多的是晨鸣纸业，为 4.52 亿元。在职员工数最少的公司是宝莫股份，为 498 人；应付职工薪酬数额最低的为宝莫股份，未达百万元；应交税费最低的为同大股份，为 100 万元。

表 5-12　黄三角地区上市公司的社会贡献能力
（截至 2018 年 12 月 31 日）

公司简称	在职员工的数量合计（人）	应付职工薪酬（亿元）	应交税费（亿元）
晨鸣纸业	15 191	1.35	4.52
华泰股份	6 828	1.64	1.59
科达股份	1 885	0.68	3.00
滨化股份	3 354	0.53	0.47
西王食品	2 107	0.31	0.36
渤海汽车	5 387	0.43	0.48
山东墨龙	3 233	0.57	0.81
登海种业	884	0.17	0.02
华纺股份	4 619	0.01	0.04
国瓷材料	2 526	0.41	0.49
金麒麟	3 180	0.28	0.14
石大胜华	1 294	0.61	0.21
康跃科技	1 165	0.06	0.23
亚星化学	1 331	0.31	0.17
鲁北化工	1 023	0.41	0.54
先达股份	1 143	0.33	0.02
宏创控股	905	0.05	0.02

续表 5-12

公司简称	在职员工的数量合计（人）	应付职工薪酬（亿元）	应交税费（亿元）
宝莫股份	498	0.00	0.03
恒天海龙	932	0.13	0.10
同大股份	582	0.09	0.01
弘宇股份	628	0.06	0.03
黄三角地区总值	58 695	8.45	13.27
山东地区总值	1 041 539	244.81	244.67
全国总值	26 010 384	8 739.49	13 363.70
黄三角地区均值	2 795	0.40	0.63
山东地区均值	5 314	1.23	1.24
全国均值	7 306	2.46	3.75

另外，企业还将基于利润为投资者提供派息或分红，保障经济社会的持续发展。2018年，在黄三角地区21家上市公司中，有晨鸣纸业、华泰股份、科达股份、滨化股份、西王食品、渤海汽车、国瓷材料、金麒麟、石大胜华、康跃科技、同大股份等11家决定派息。派息最多的是石大胜华、晨鸣纸业和金麒麟，每10股分别派息6元、2.40元和2元；在转增股数上，国瓷材料、康跃科技每10股各转增5股，西王食品每10股转增4股；11家公司现金分红总计14.78亿元，是2017年的70.45%，但相比之下，2018年全国、全省上市公司现金分红总额却分别增长了9.16%和39.11%。

表 5-13　黄三角地区上市公司现金分红情况
（截至 2018 年 12 月 31 日）

公司简称	每10股派息数（元）	每10股转增股数（股）	现金分红（亿元）
晨鸣纸业	2.40	0.00	6.97
华泰股份	1.85	0.00	2.16
科达股份	0.10	0.00	0.13
滨化股份	1.50	0.00	2.32

续表 5-13

公司简称	每 10 股派息数（元）	每 10 股转增股数（股）	现金分红（亿元）
西王食品	0.80	4.00	0.62
渤海汽车	0.15	0.00	0.14
山东墨龙	0.00	0.00	0.00
登海种业	0.00	0.00	0.00
华纺股份	0.00	0.00	0.00
国瓷材料	1.00	5.00	0.64
金麒麟	2.00	0.00	0.41
石大胜华	6.00	0.00	1.22
康跃科技	0.50	5.00	0.12
亚星化学	0.00	0.00	0.00
鲁北化工	0.00	0.00	0.00
先达股份	0.00	0.00	0.00
宏创控股	0.00	0.00	0.00
宝莫股份	0.00	0.00	0.00
恒天海龙	0.00	0.00	0.00
同大股份	0.60	0.00	0.05
弘宇股份	0.00	0.00	0.00
黄三角地区总值	-	-	14.78
山东地区总值	-	-	329.11
全国总值	-	-	11 626.73

七、同所属行业指标对比分析

上文将黄三角地区 21 家上市公司的各项指标与全省、全国上市公司的总值或均值进行了比较，还对 2018 年与 2017 年相比产生的变化进行了分析。下面结合总资产、净资产、总资产周转率、资产报酬率、净资产收益率、资产负债率这六项指标分析黄三角地区上市公司的行业地位。

目前黄三角地区 21 家公司分属 12 个行业。全国行业公司数量最多的为 244 家，行业公司数量最少的为 15 家。为了更方便地对不同行业公司的行业排名进行分析，本文将排名进行可比排名处理，即，在某一项指标中，可比排名 = 公司在行业中排名 ÷ 行业公司数 × 100。在得到某公司的可比排名后，再将排在第 1—33 位的评为第一梯队企业，将排在第 34—67 位的评为第二梯队，将排在第 68—100 位的评为第三梯队企业（但资产负债率正好相反，排在第 68—100 位的为第一梯队、排在第 34—67 位的为第二梯队、排在第 1—33 位的为第三梯队）。根据排名，本文认为第一梯队公司具有竞争优势，第三梯队公司在竞争上处于劣势，而第二梯队公司为中间水平。综合分析总资产等六项指标，黄三角地区 21 家上市公司的行业内可比排名结果见表 5-14 和表 5-15。

21 家公司的 6 个指标共有 126 个排名结果。在排名结果中，处于第一梯队的共有 39 个结果，占比为 30.95%；处于第二梯队的共有 46 个结果，占比为 36.51%；处于第三梯队的共有 41 个结果，占比位 32.54%。总体来看，黄三角地区上市公司在各自行业领域的竞争排名略微偏后。在 21 家企业中，先达股份、西王食品、华泰股份的 6 个指标中有 4 个指标处于第一梯队。先达股份运营能力和盈利能力强，资产负债率低；西王食品资产规模大，盈利能力强；华泰股份资产规模大，运营能力和盈利能力强。相比而言，宝莫股份、恒天海龙、亚星化学、宏创控股还需发展提升。

总资产指标反映了企业总体的资产规模。在这一指标上，黄三角地区上市公司涉及的汽车制造业、化学纤维制造业、有色金属冶炼和压延加工业资产规模最大，行业总资产均值分别为 205.58 亿元、199.22 亿元、137.55 亿元；橡胶和塑料制品业规模最小，行业总资产均值为 45.60 亿元。相比行业水平，目前科达股份、滨化股份、西王食品、渤海汽车、晨鸣纸业、华泰股份、山东墨龙等 7 家企业总资产规模处于行业第一梯队，国瓷材料、登海种业、华纺股份、石大胜华、鲁北化工、金麒麟等 6 家企业处于本行业第二梯队，康跃科技等其余 8 家公司处于行业第三梯队。黄三角地区上市公司总资产规模总体偏小。

净资产是企业资产减去负债后的净值，同时表示所有者权益的大小。黄三角地区上市公司所在的汽车制造业、化学纤维制造业、有色金属冶炼和压延加工业净资产最大，行业净资产均值分别为 85.92 亿元、71.52 亿元、63.91 亿元；橡胶和塑料制品业规模最小，行业净资产均值为 24.50 亿元。相比行业水平，科达股份、国瓷材料、滨化股份、西王食品、登海种业、渤海汽车、晨鸣纸业、华泰股份等 8 家公司净资产规模位于行业第一梯队，康跃科技、华纺股份、鲁北化工、石大胜华、先达股份、金麒麟、山东墨龙等 7 家公司位于本行业第二梯队，恒天海龙等其余 6 家企业位于行业第三梯队。黄三角地区上市公司净资产规模在行业内中等偏上。

总资产周转率反映了企业的运营效率。在黄三角地区上市公司所属行业中，有色金属冶炼和压延加工业、农副食品加工业、化学纤维制造业周转率最高，行业均值分别为 1.10 次、1.08 次、0.92 次；农业周转率最低，行业均值为 0.38 次。相对于行业水平，华纺股份、科达股份、亚星化学、石大胜华、先达股份、华泰股份、山东墨龙等 7 家企业总资产周转率处于行业第一梯队，恒天海龙、滨化股份、同大股份、宏创控股等 4 家公司处于本行业第二梯队，康跃科技等 10 家企业位于行业第三梯队。黄三角地区上市公司的运营效率还有待提升。

资产报酬率反映了企业的盈利能力。在黄三角地区上市公司所涉行业中，化学原料及化学制品制造业、造纸及纸制品业、化学纤维制造业资产报酬率最高，行业均值分别为 8.82%、6.71% 和 6.63%；科达股份所处的互联网和相关服务产业目前的资产报酬率行业均值为 -5.17%。在各自所处行业中，国瓷材料、滨化股份、先达股份、西王食品等 4 家企业资产报酬率处于行业第一梯队，康跃科技、科达股份、鲁北化工、石大胜华、金麒麟、同大股份、晨鸣纸业、华泰股份、山东墨龙等 10 家公司处于行业第二梯队，华纺股份等 7 家企业位于行业第三梯队。

净资产收益率也反映了企业的盈利能力。在黄三角地区上市公司相关行业中，目前行业净资产收益率均值最高的行业是化学原料及化学制品制造业、造纸及纸制品业、化学纤维制造业，分别为 12.10%、10.50% 和 6.08%；

宏创控股所在的有色金属冶炼和压延加工业净资产收益率最低，行业均值为 –16.91%。对比本行业水平，处于行业第一梯队的公司有国瓷材料、先达股份、西王食品、华泰股份等 4 家公司，处于第二梯队的有康跃科技、科达股份、亚星化学、鲁北化工、滨化股份、石大胜华、金麒麟、同大股份、晨鸣纸业、山东墨龙、弘宇股份等 11 家公司，另外华纺股份、恒天海龙等 6 家公司位于第三梯队。从资产报酬率、净资产收益率的情况看，黄三角地区上市公司的盈利能力还需努力提高。

资产负债率是企业总负债占总资产的比重。在黄三角地区上市公司涉及的 12 个行业中，农副食品加工业资产负债率为 47.93%，有色金属冶炼和压延加工业为 47.53%，化学纤维制造业为 46.90%。它们的行业资产负债率均值最高。化学原料及化学制品制造业资产负债率最低，均值为 36.81%。在黄三角地区 21 家上市公司中，与所处行业对比，资产负债率较低、处在行业第一梯队的有 9 家，分别是康跃科技、恒天海龙、国瓷材料、先达股份、登海种业、金麒麟、同大股份、宏创控股、弘宇股份；处在第二梯队的有 8 家，分别为科达股份、宝莫股份、鲁北化工、滨化股份、石大胜华、西王食品、渤海汽车、华泰股份；还有华纺股份、亚星化学、晨鸣纸业、山东墨龙等 4 家公司位于第三梯队，负债率在行业内偏高。从资产负债率看，黄三角地区上市公司整体上处于中等偏下的位置。

表5-14 黄三角地区上市公司同所属行业经营指标对比表（1）
（截至2018年12月31日）

企业简称	证监会行业名称（该行业上市公司数量）	总资产均值（亿）	可比排名	净资产均值（亿）	可比排名	总资产周转率均值（次）	可比排名
康跃科技	电气机械和器材制造业（233家）	94.16	70	41.20	62	0.67	69
华纺股份	纺织业（38家）	45.90	50	25.89	66	0.79	29
科达股份	互联网和相关服务（63家）	58.40	13	33.46	16	0.66	6
恒天海龙	化学纤维制造业（24家）	199.22	100	71.52	96	0.92	46
宝莫股份	化学原料及化学制品制造业（244家）	73.56	84	37.04	85	0.75	89
国瓷材料	化学原料及化学制品制造业（244家）	73.56	36	37.04	29	0.75	79
亚星化学	化学原料及化学制品制造业（244家）	73.56	80	37.04	100	0.75	4
鲁北化工	化学原料及化学制品制造业（244家）	73.56	66	37.04	61	0.75	87
滨化股份	化学原料及化学制品制造业（244家）	73.56	16	37.04	16	0.75	48
石大胜华	化学原料及化学制品制造业（244家）	73.56	52	37.04	51	0.75	2
先达股份	化学原料及化学制品制造业（244家）	73.56	69	37.04	60	0.75	17
西王食品	农副食品加工业（50家）	66.28	16	33.51	18	1.08	78
登海种业	农业（15家）	48.24	47	28.81	33	0.38	87
渤海汽车	汽车制造业（136家）	205.58	28	85.92	27	0.66	74
金麒麟	汽车制造业（136家）	205.58	65	85.92	54	0.66	70

续表5-14

企业简称	证监会行业名称（该行业上市公司数量）	总资产均值（亿）	可比排名	净资产均值（亿）	可比排名	总资产周转率均值（次）	可比排名
同大股份	橡胶和塑料制品业（75家）	45.60	90	24.50	81	0.79	63
宏创控股	有色金属冶炼和压延加工业（68家）	154.08	93	63.91	85	1.10	40
晨鸣纸业	造纸及纸制品业（30家）	137.55	3	51.01	3	0.71	97
华泰股份	造纸及纸制品业（30家）	137.55	23	51.01	20	0.71	10
山东墨龙	专用设备制造业（206家）	65.65	23	30.09	37	0.52	21
弘宇股份	专用设备制造业（206家）	65.65	97	30.09	92	0.52	69

表5-15 黄三角地区上市公司同所属行业经营指标对比表（2）
（截至2018年12月31日）

企业简称	证监会行业名称（该行业上市公司数量）	资产报酬率均值（%）	可比排名	净资产收益率均值（%）	可比排名	资产负债率（%）	可比排名
康跃科技	电气机械和器材制造业（233家）	2.80	34	-0.46	36	45.10	75
华纺股份	纺织业（38家）	5.54	87	-12.34	92	38.61	13
科达股份	互联网和相关服务（63家）	-5.17	52	-9.02	60	41.57	35
恒天海龙	化学纤维制造业（24家）	6.63	75	6.08	92	46.90	88
宝莫股份	化学原料及化学制品制造业（244家）	8.82	100	12.10	98	36.81	55

续表 5-15

企业简称	证监会行业名称（该行业上市公司数量）	资产报酬率均值（%）	可比排名	净资产收益率均值（%）	可比排名	资产负债率（%）	可比排名
国瓷材料	化学原料及化学制品制造业（244家）	8.82	13	12.10	13	36.81	78
亚星化学	化学原料及化学制品制造业（244家）	8.82	78	12.10	53	36.81	1
鲁北化工	化学原料及化学制品制造业（244家）	8.82	66	12.10	58	36.81	61
滨化股份	化学原料及化学制品制造业（244家）	8.82	28	12.10	40	36.81	39
石大胜华	化学原料及化学制品制造业（244家）	8.82	34	12.10	36	36.81	45
先达股份	化学原料及化学制品制造业（244家）	8.82	9	12.10	16	36.81	75
西王食品	农副食品加工业（50家）	3.48	24	2.40	18	47.93	36
登海种业	农业（15家）	2.40	87	0.80	87	39.70	87
渤海汽车	汽车制造业（136家）	4.10	68	4.49	69	44.36	47
金麒麟	汽车制造业（136家）	4.10	57	4.49	63	44.36	80
同大股份	橡胶和塑料制品业（75家）	5.60	67	2.41	67	38.45	88
宏创控股	有色金属冶炼和压延加工业（68家）	3.44	82	-16.91	78	47.53	97
晨鸣纸业	造纸及纸制品业（30家）	6.71	50	10.50	37	42.21	7
华泰股份	造纸及纸制品业（30家）	6.71	37	10.50	33	42.21	37
山东墨龙	专用设备制造业（206家）	5.04	60	3.64	59	41.79	7
弘宇股份	专用设备制造业（206家）	5.04	48	3.64	57	41.79	89

第四节 黄三角地区上市公司发展情况总结与发展建议

一、黄三角地区上市公司的发展情况总结

1. 上市公司资产有所增长，但规模较小，市值缩水严重。

2018 年黄三角地区上市公司比 2017 年减少 1 家。目前 21 家上市公司资产总值由 2017 年的 1 995.41 亿元减少到 1 958.44 亿元，均值由 90.7 亿元提升到 93.26 亿元。从均值看，上市公司资产有所增长，但低于全省 135.01 亿元的均值水平和全国 676.79 亿元的均值水平。对比各公司所属行业情况，目前科达股份等 7 家公司总资产规模处于行业第一梯队，国瓷材料等 6 家公司处于行业第二梯队，康跃科技等 8 家公司处于行业第三梯队。黄三角地区上市公司不管是平均资产规模相对全省、全国水平，还是单个公司相对本行业水平，总资产规模都相对偏小。

2018 年全国和全省个股总市值各自缩水至 2017 年的 76.66% 和 70.61%，而黄三角地区上市公司个股流通市值、年个股总市值却分别缩水到 2017 年的 57.94% 和 52.15%。2018 年黄三角地区上市公司平均年个股流通市值和平均总市值分别是 32.01 亿元和 37.96 亿元，都约为全省水平的一半和全国水平的三分之一。

2. 上市公司主要属于制造业，固定资产占比较大，比 2017 年还有所提升。

黄三角地区 21 家上市公司以制造业为特色。除登海种业属于农业，科达股份属于互联网和相关服务业外，其他企业都是制造业企业，在小类别上分属电气机械和器材制造业、纺织业、化学纤维制造业、化学原料及化学制品制造业、农副食品加工业、汽车制造业、橡胶和塑料制品业、有色金属冶炼和压延加工业、造纸及纸制品业、专用设备制造业等相关行业。这些行业的固定资产投资较大，因此，黄三角地区上市公司固定资

产占总资产比重大。2018年这一比重比2017年还略有提高，均值达到了26.99%，高于全省26.77%和全国5.93%的水平。

3. 本土企业家较多，大多年富力强，个别公司即将面临交接班。

在黄三角地区上市公司中，除渤海汽车、华纺股份、鲁北化工、石大胜华、晨鸣纸业外，其他16家上市公司都是民营企业，占比76%。滨化股份、西王食品、金麒麟、宏创控股、科达股份、同大股份、亚星化学、山东墨龙、登海种业等大部分公司的实际控制人为本市人或者山东人，也大多是企业的创始人。

在16家民营公司中，董事长年龄最高的为76岁，最年轻的为38岁。其中，董事长大于60岁的公司仅有两家，分别为76岁和69岁；50岁以下的董事长有8人，5位董事长年龄集中于50—60岁。在21位董事长中，最高学历为硕士，最低学历为大专。学历主要集中于大专、本科、硕士。总经理整体学历较高，集中于本科、硕士，其中有四位董事长兼任总经理，年龄分别是41、48、50和55岁，年富力强。

4. 上市公司资产周转率、存货周转率和应收账款周转率、付账款周转率较低，运营能力有待提升。

2018年黄三角地区上市公司总资产周转率均值由2017年的0.70次提高到0.76次，高于全省的0.72次、全国的0.63次。流动资产周转率为1.67次，较为突出；固定资产周转率17.70次，低于全省、全国均值水平。在行业中，华纺股份等7家企业总资产周转率处于行业第一梯队，恒天海龙等4家公司处于行业第二梯队，康跃科技等10家企业位于行业第三梯队。另外，黄三角地区上市公司存货周转率均值从2017年的6.61次下降到6.53次，低于全省和全国的周转率。应收账款周转率为15.93次，比2017年有所提高，但与全省和全国情况相比，差距较大；应付账款周转率为8.01次，比2017年有所下降，高于全省但低于全国均值水平。综合来看，黄三角地区上市公司的运营能力还有待提高。

5. 上市公司盈利能力比2017年大大降低，低于全省均值水平，在行业内相对偏弱。

黄三角地区上市公司综合收益总额均值、总资产报酬率均值、净资产收益率均值比 2017 年大大降低，分别为 2.91 亿元、5.92% 和 4.99%，均低于全省上市公司均值，但总资产报酬率和净资产收益率高于全国的 4.17% 和 2.79% 的均值水平。在资产报酬率方面，在各自所处行业中，国瓷材料等 4 家企业处于行业第一梯队，康跃科技等 10 家公司处于行业第二梯队，华纺股份等 7 家企业位于行业第三梯队。净资产收益率处于本行业第一梯队的公司只有国瓷材料等 4 家公司，处于第二梯队的有康跃科技等 11 家公司，华纺股份等 6 家公司处于第三梯队。从资产报酬率、净资产收益率的情况看，黄三角地区上市公司的盈利能力在行业内相对偏弱。

6. 上市公司资产负债率相对不高，但偿债能力需要强化。

2018 年黄三角地区上市公司资产负债率均值从 2017 年的 38.67% 降为 38.21%，低于全省上市公司均值 43.24% 和全国上市公司均值 44.94%。与所处行业相比，资产负债率不高：在行业低负债率第一梯队的有 9 家，在第二梯队的有 8 家，在第三梯队的有 4 家。权益乘数从 2017 年的 3.79 下降到 3.30，高于全省、全国水平；产权比率由 2017 年的 2.85 降低到 2.35，远高于全国 1.86 和全省 1.40 的数值水平。流动比率从 2.35 降到 2.21，低于全国 2.37 和全省 2.23 的水平，偿债能力需要进一步强化。

7. 上市公司在行业竞争力上略偏后，在发展速度上较为缓慢。

黄三角地区 21 家上市公司在所属行业 6 个指标的 126 个排名结果中，30.95% 的结果处于企业所在行业的第一梯队，36.51% 处于第二梯队，32.54% 处于第三梯队。黄三角地区上市公司在各自行业领域中的竞争力排名略微偏后。另外，黄三角地区上市公司发展成长相关的指标较 2017 年都有大幅下降。平均净利润增长率由 2017 年的正值转为负值；净资产增长率为 12.57%，高于全国、全省的平均水平；总资产增长率为 8.67%，低于全省和全国的均值。

8. 上市公司为社会做了较大贡献，这方面将来还有提升空间。

黄三角地区上市公司规模较小，在职员工数、应付职工薪酬、应交税费的均值分别为 2 795 人、4 000 万元和 6 300 万元，为社会的就业、税收做了很大贡献。但相比全省、全国上市公司的贡献情况，这方面还有较大的上升空间。回报投资人对保障经济社会持续发展有重要作用。黄三角地区上市公司 2018 年现金分红总计 14.78 亿元，是 2017 年的 70.45%。相比之下，2018 年全国、全省上市公司现金分红总额却分别增长了 9.16% 和 39.11%。

二、黄三角地区上市公司的发展建议

政府要加强规划引领，改善营商环境，提供人才引进和培育方面的支持与保障。

1. 在产业发展规划中要突出产业特色，加强产业链招商引资，构建高质量的现代产业体系。

黄三角地区上市公司覆盖 12 个行业，以制造业为主。政府产业发展规划要以现有产业为基础，加强产业园区等产业发展平台建设，完善平台功能，发展引导产业，培育基金，沿着产业链招商引资，通过招商直接拉动产业升级，凝聚新动能，壮大产业集群。政府要积极引导大小企业间的合作，构建先进制造业现代化产业链共赢发展体系，促进经济高质量发展。

2. 要积极引入现代信息技术，打造智慧高效的企业服务系统，持续改善营商环境。

政府要加强社会治安、环境管理，以服务企业发展为重点，积极引入现代信息技术，改造政府审批、服务事项的办事流程，建设智慧高效的企业服务系统，改善营商环境。

3. 要培养更多上市资源，加强上市帮扶，促进企业上市经营。

政府要建立企业上市协同团队，制定企业上市助推计划，在人力、物力、财力、智力等方面加强保障，依据新三板挂牌、主板上市等相关要求，分类建立上市企业培育名录，培养上市资源，主动联系相关企业，根据各企业的实际情况共同绘制符合企业现状的上市路线图，鼓励企业上市，了解企业在准备上市过程中需要政府协同解决的问题，在上市咨询、培训、人才、公共关系等方面给予全面支持和协作。

4. 在人才引进、培养方面要为企业提供支持。

政府可以在落户、教育、医疗、安居等方面为企业人才的引进提供支持，在相互挂职、企业培训、出访考察、经验交流等方面为企业的人才培养提

供帮助。

企业要增强使命感，在企业文化、管理制度、商业模式、核心竞争力、产业链优化等方面不断发展提升。

1. 要肩负使命，明确愿景，确立价值观，文化治企，履行企业的社会责任。

企业家要根据企业现状和时代要求，明确企业使命和愿景，建立企业价值观，使企业价值观内化在企业规章、员工行动中，文化治企，重视环保，依法纳税，提供健康的工作环境，保障员工的合法收入，积极履行企业社会责任，提高企业的社会声誉。

2. 要完善管理机制和组织架构，保障投资者的权益和经营者的活力，重视员工利益。

企业要积极实行职业经理人制度，探索更适合企业发展的组织架构，进一步完善治理体系，保障投资者的权益，提升经营者的活力和专业化经营的能力，通过合理的薪资制度、绩效激励机制、责权利对应机制、竞争机制、员工持股机制、团建活动等相关措施，提升员工对公司的归属感，激发员工创新热情和工作热情，保障企业可持续发展动力。

3. 要优化自身的商业模式，扩大投入，精准投资，强化核心竞争力。

要根据企业发展环境，明确自己"明星类""奶牛类""瘦狗类""问题类"产品，结合新需求、新技术的发展，不断检讨和优化自身的商业模式，集中资源，精准投入，加强创新与研发，将智能制造与传统优势产品相结合，动态地强化企业的核心竞争力，稳定地、最优地实现企业新旧发展动能转换，从弱到强，稳步提升高端制造的技术水平，构筑未来发展的增长点，保障盈利能力的提升。

4. 要围绕核心竞争力，利用现代技术和外包、并购等手段，整合、优化运营和供应链系统。

企业要围绕自身核心竞争力，积极投入互联网、物联网、大数据、人工智能、自动化等先进技术，搭建创新平台，推进智能工厂建设，提供系统化解决方案，灵活使用外包、供应链前后向并购等手段，整合、优化自身的运营体系，提高供应链效率，提升企业的运营能力。

5. 紧抓需求的细致变化，综合运用新型营销思维与手段，提升产品的销售能力。

在新时代，各个行业的需求在发生变化。企业要紧盯需求，适应需求的新变化和新要求，按需生产，全面保证质量，面对新的技术、平台，研究新的营销手段，推行新的营销组合，提升企业的销售能力。

6. 要加强财务经营，积极上市，提升融资能力和抗风险能力。

在不断提升企业内在价值的同时，要加强与银行、券商、投资者的沟通，争取早日在新三板挂牌或者在主板上市，拓展融资渠道，强化投资者的信任度，提升企业的融资能力，加强财务管理，保障资金的精准投入，根据行业特点和企业实际，动态监管企业的负债和资金持有情况，提升企业的抗风险能力。

7. 要加强研发和人才的引进、培养和使用。

要设置研发单位，制定创新、研发激励措施，与各大行业专门高校建立密切联系，实现产、学、研合作，构建科研、设计、工程、生产和市场紧密衔接的完整技术创新链条，提高公司管理水平和科研水平，为公司新产品的研发和现有产品的优化升级提供保障。企业应按照企业文化和发展的需要，制订人才的引进和培养计划，积极引进人才，特别是要加强企业人才的培养和使用。

第六章

黄河三角洲高效生态经济区的政府城投债研究

吕玉霞　侯麟科　蔡毅翔*

　　城投债是指为促进地方经济和社会发展，由地方政府通过设立城投公司作为融资平台而发行的债券，其发行种类主要为企业债。城投债起源于20世纪末。2009年经济危机后，中国地方政府承担了四万亿经济刺激计划中的大部分筹资任务。全国地方融资平台呈井喷之势，城投债发行量急剧上升。城投债的发行为市政建设筹措了大量资金，也间接带动了社会资本进入城市基础设施建设，推动了我国城镇化进程。同时，基础设施建设创造出大量的就业机会，完成了政府官员经济发展的任务。

　　土地出让收入是地方财政收入的主要来源之一。近年来，党中央提出"房住不炒"指导方针，土地财政受限。土地出让收入的降低加剧了地方债务危机。有研究显示，城投债偿还数量将在2019—2021年达到高峰，约有1 920支城投债在2021年到期。在此背景下，对城投债风险予以整体把握、估计，并监测其违约价差、确保地方经济稳定持续发展已成为不可忽视的重要问题。

　　本章首先分别对我国整体和黄三角地区城投债的发行情况进行了概述，再采用计量模型，对城投债的违约风险进行估算，为下一步相关规划和政策制定提供参考。

1　吕玉霞，山东青年政治学院副教授；侯麟科，山东大学经济研究院副教授、博士生导师；蔡毅翔，天域生态环境股份有限公司金融风控中心研究员。

第一节 我国城投债发行情况概述

城投债是地方政府重要的融资方式。20 世纪末分税制改革及旧预算法的限制推动了城投债这一融资方式的出现。1994 年的分税制改革重新划分了中央和地方政府财权和事权的关系。在这种新的均衡中，中央政府获得更多财权，而事权重心则发生了下移。一方面，随着以分税制为代表的财政分权改革不断深入，地方政府的相对财政收入不断下降；另一方面，由于事权下移，地方政府在地方经济建设和发展决策过程中拥有了更多的自主权。为了弥补财政收入与支出产生的巨大缺口，地方政府的融资需求和意愿不断上升。然而，1995 年版本的《中华人民共和国预算法》严格限制了地方政府直接通过发行地方政府债券融资的行为。同时，伴随着我国日益加快的城市化进程，地方政府需要投入大量资金用于建造城市相关基础设施。在既无法向公众和银行进行直接融资，也不能通过担保来进行间接融资的窘境下，我国地方政府逐渐探索出了组建城投公司、发行城投债的新融资模式。

城投债发行的主要目的是为城市基础设施建设等公益性项目[1]或准公益性项目[2]融资。城市建设投资公司（下文简称城投公司）是城投债的发行主体，由地方政府通过财政拨款或注入土地、股权等资产建立。城投公司拥有独立的法人资格，主要从事政府指定、委托的公益性或准公益性项目的融资、投资、建设与运营。城投债的发行极大地缓解了地方政府财政压力。同时，地方政府深度参与城投债的发行及城投公司的设立，为城投债提供了隐性的信用担保。此外，政府详细规定了城投债的认定。首先，所有从事公益性项目的发行人，其发行的债券可被直接认定为城投债。其次，从事准公益性项目但不从事任何公益性项目的发行人，满足以下条件中的任

---

1 公益性项目是指为社会公共利益服务且不能或不宜通过市场化运作的政府投资项目，资金主要来源于财政补贴。公益性项目主要包括城市开发、城市基础设施建设、土地开发项目、公益性住房、公益性事业等。
2 准公益性项目是指为社会公共利益服务，虽不以营利为目的，但会产生稳定的经营性收入的政府投资项目，如公共服务项目、公共交通建设运营项目等。

一条，也可被认定为城投债：（1）最近三年中任意一年当年经营性现金流净值小于一年到期的长期负债，即其自身现金流无法完全覆盖债务本息；（2）最近三年任意一年当年财政收入／一年内到期的长期负债大于30%，即比较依赖地方政府财政补贴。

我国城投债发行始于20世纪90年代。为了支持浦东新区建设，中央政府特许上海于1992年至1995年每年发行5亿元浦东新区建设债券。按照不同时期的发展特点，我们可以将城投债的发行分为三个阶段：（1）起步阶段（1994—2007年）。1994年分税制改革将增值税、中央企业税等税源广、税基厚、易征收的税种划归中央政府，减少了地方政府的税收收入，形成了"中央强、地方弱"的财政格局。同时，城镇化建设的资金需求增加了地方政府的财政压力。此外，1995年版本的《中华人民共和国预算法》第28条规定"除法律和国务院另有规定外，地方政府不得发行地方政府债券"，严格限制了地方政府债券发行。较低的税收收入以及对地方政府发行债券的限制，地方政府开始发行城投债满足融资需求。在这一阶段，由于缺少中央政府的政策支持，城投债发行较少，主要集中在江苏、浙江、上海等经济发达省市。（2）快速发展阶段（2008—2014年）。2008年，为应对金融危机带来的影响，中央政府出台了四万亿经济刺激计划。其中，中央政府只出资1.18万亿，其余部分则由地方财政自行筹措。为缓解地方政府财政压力，2009年3月，中国人民银行联合银监会发布了《关于进一步加强信贷结构调整、促进国民经济平稳较快发展的指导意见》，提出支持有条件的地方政府组建投融资平台，通过发行企业债、中期票据等融资工具进行融资。四万亿经济刺激计划极大提高了地方政府债务需求，我国地方政府城投债规模迅猛扩张。（3）转型发展阶段（2014—现在）。伴随着城投债发行规模的扩大，信用风险问题也逐渐引起中央政府的注意。国务院于2014年8月发布了《关于加强地方政府性债务管理的意见》。该文件明确地将地方融资平台与地方政府剥离开来，并指出对于我国地方政府的债务，中央政府实行不救助原则。但随着经济下行压力增大，2014年的政策并未得到切实有效的实施。此后，中央政府又出台了一系列相关政策监管城投债发行。在保持经济增长与防范债务风险的权衡中，城投债发行量趋于平稳。

为了更详细地了解城投债发行现状，我们选取 2009 年至 2017 年地方政府发行的城投债作为样本，样本信息包括城投债收盘价、最高价、最低价、交易量、发行地市、发行总额、票面利率、发行日期、发行期限、主体信用评级等。表 6-1 总结了城投债收益率价差、发行量、发行期限等基本信息。与无风险利率（10 年期国债利率）相比，我国地方政府城投债的平均风险溢价为 630 个基点，风险价差的中位数为 416 个基点。其中，风险溢价最高的城投债赚取了 1 320 个基点，而最低的债券赚取了 210 个基点。城投债的平均发行量为 11.49 亿元，最小发行量为 0.1 亿元，最大发行量为 100 亿元。此外，城投债的平均票面利率为 6%，平均发行年限为 6.2 年。

利用 Amihud、High-low（季度高低价差）和 Turnover（换手率）三种常用的流动性度量指标，可以进一步考察城投债的流动性情况。三种流动性指标的计算方法如下：

1. Amihud。该指标是金融学领域债券流动性测度的常用指标之一，计算方式为：$\mathbf{Amihud}_{iq} = \frac{1}{N_{iq}}[\sum_{t}(|R_t|/volume_{it})]$。其中，$N_{iq}$ 表示城投债 i 在 q 季度的交易天数，$|R_{it}|$ 表示债券 i 在 t 日回报率绝对值，$volume_{it}$ 表示城投债 i 在 t 日的交易量。Amihud 刻画了单位债券交易对债券回报率波动的影响，同时考虑了季度交易天数的影响。流动性水平越高的债券，相同水平交易量对其价格波动的影响越小，Amihud 测度值越小；反之，流动性水平越低，Amihud 测度值越大。

2. High-low（季度高低价差）。因为部分数据不可得，所以学者以季度最高价与季度最低价之间的差额表示城投债高低价差。High-low 越高，城投债价格波动越大，流动性就越弱，流动性风险就越高。

3. Turnover（换手率）。换手率是度量成交深度的常用指标，计算方式为：$turnover_{iq}=VOL_{iq}/amount_i$。其中，$VOL_{iq}$ 表示城投债 i 在 q 季度的成交总量，$amount_i$ 表示城投债 i 的发行数量。换手率越高，城投债市场交易越活越，流动性就越强，流动性风险就越低。

用于度量城投债流动性的指标 Amihud，其均值为 0.015%。此变量之所以取值较低，主要是大多数城投债交易都非常不频繁，很多债券甚至一个月内没有交易。High-low（高低价差）和 Turnover（换手率）的均值分别为 0.32 和 23%。这表明全国各地方政府存在较高的城投债流动性风险。

表 6-1　描述统计量（全国层面的城投债数据）

变量	均值	标准差	最小值	最大值	中位数
收益率价差	630	1 250	210	1 320	416
发行量	11.49	7.48	0.1	100	10
票面利率	6	1.3	2.9	9.3	6.1
发行期限	6.2	2	0.66	23	7
Amihud	0.015	0.032	0	0.43	0.044
High-low	0.32	1	0	7.2	0.016
Turnover	23	34	0	182	8
观测值	5 006				

　　图 6-1 刻画了 2009—2017 年所有城投债票面利率的分布情况。城投债票面利率大多为 4%—8%，与十年期国债平均收益率相比，城投债能够带来约 3% 的风险溢价。图 6-2 分别描述了城投债发行总量的分布情况，大部分城投债发行金额在 20 亿元以下，只有极少数城投债发行金额在 30 亿元以上。这表明城投债发行规模较小。

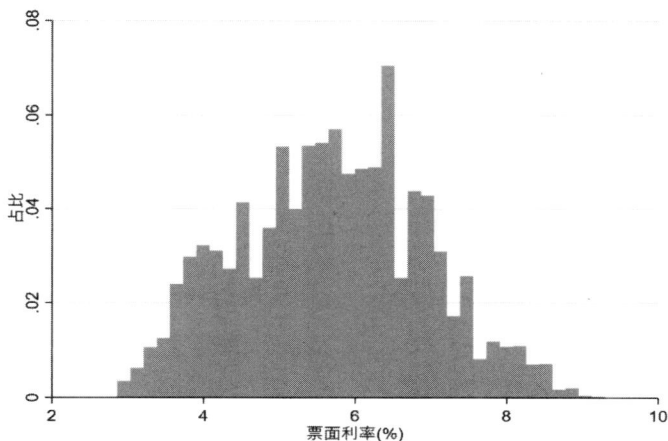

图 6-1　城投债票面利率分布

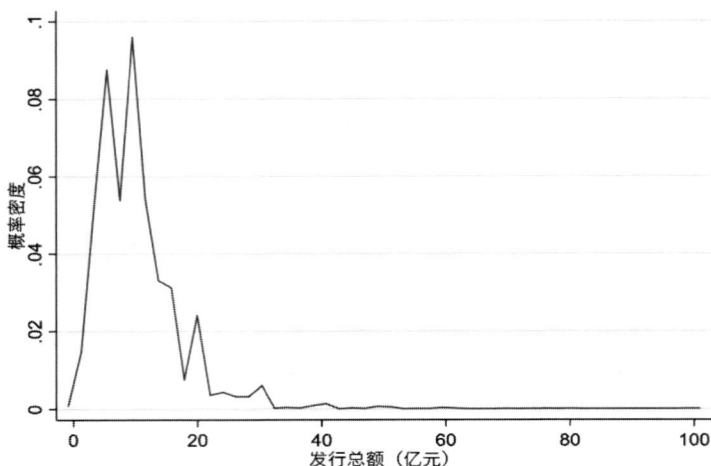

图 6-2　城投债发行总额分布情况

表 6-2 总结了城投债的信用评级分布。其中，接近一半的城投债主体信用评级落在 AA 级，而 95% 以上的债券主体信用评级在 AA 级及以上，只有 3.61% 的城投债评级在 AA– 及以下，与城投债较高的违约风险不符。这可能是因为城投债信用评级存在普遍膨胀的现象。以往的研究证实，地方政府方面的违约信息不会被市场定价，而国家整体风险会反映在市政债券价格中。政府特殊的信用背书造成评级机构缺乏对地方政府财务风险的考量，往往倾向于高估城投债信用。因此，大多数城投债的信用评级不足以判断其违约风险。同时，监管部门规定，只有 AA 级以上的债券才能发售或上市交易，因此在中国当前发行人付费的债券评级制度中，评级机构为了获得业务收入，往往倾向于抬高债券信用等级。

表 6-2　城投债主体评级情况统计

主体信用评级	数量	占比
AA– 及以下	179	3.61
AA	2 440	49.15
AA+	1 496	30.14
AAA	849	17.1

表6-3总结了城投债发行期限特征。大部分城投债是中长期债券，期限在3年以上的债券占总样本的80%左右。这可能导致上届官员为争取晋升机会而盲目发行过量城投债，以满足大范围基础设施建设的资金需求。中长期城投债的不断积累对下届政府造成较大的偿还压力，不利于地方财政体系的长期发展。

表6-3　城投债发行期限情况统计

期限	数量	占比
3年及以下	1 446	22.89
3至10年	3 645	72.81
10年及以上	215	4.29

根据图6-3可以看出：在城投债出现初期，其发行数量较少；2009—2015年城投债发行数量开始激增，债务体量不断上升。2016年后，由于城投债再融资政策不断收紧，发行数量趋于稳定。

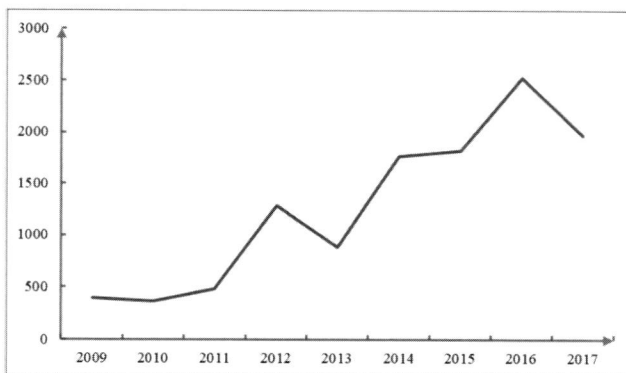

图6-3　2009—2017年新发城投债趋势统计（单位：亿元）

第二节　黄河三角洲高效生态经济区城投债发行情况概述

国务院于2009年11月23日正式批复《黄河三角洲高效生态经济区发展规划》以后，中国三大三角洲之一的黄河三角洲的发展上升为国家战略，成为国家区域协调发展战略的重要组成部分。通过统计黄三角地区城投债发行情况，可以了解黄三角地区政府财政及金融发展现状。2009—2017 年黄三角地区地方政府发行且仍在流通的城投债共 15 支。其中，寿光市发行数量最多，共 6 支；昌邑市发行 3 支；博兴县、东营区、滨城区、广饶县、高青县、沾化区各发行 1 支。相对长江三角洲等经济发达地区，黄河三角洲发展起步较晚，且农业占比较高，因而城投债发行数量较低。表 6-4 对其基本变量进行了描述性刻画。与无风险利率（10 年期国债利率）相比，黄三角地区的地方政府城投债的平均风险溢价为 526 个基点，略低于全国平均水平。风险价差的中位数为 487 个基点，其中风险溢价最高的城投债赚取了 1 241 个基点，而最低的债券赚取了 218 个基点。从发行量来看，黄三角地区地方政府城投债的平均发行量为 7.25 亿元，低于全国平均水平。此外，城投债的平均票面利率为 6.6%，平均发行年限为 6.2 年。用于度量城投债流动性的指标 Amihud、High-low（高低价差）和 Turnover（换手率）的均值分别为 0.019、0.92 和 48%，相较全国城投债的平均水准，黄三角地区发行的城投债流动性较强。

表 6-4　黄三角城投债描述统计量

变量	均值	标准差	最小值	最大值	中位数
收益率价差	526	204	218	1 241	487
发行量	7.25	3.65	3.2	20	6
票面利率	6.6	1.4	3.6	8.6	7.1
发行期限	6.2	1.5	3	8	7
Amihud	0.019	2.5	0	0.22	0.02
High-low	0.92	2.5	0	7	0.02
Turnover	48	59	0	168	31
观测值	15				

　　表 6-5 中关于黄三角地区城投债的主体信用评级统计情况显示：2 支城投债信用等级为 AAA 级，占总体数量的 13.33%；12 支城投债的主体信用评级为 AA 级，占总体的 80%；仅有 1 支城投债的评级较低，为 AA-。

相较全国城投债信用主体评级水平，黄三角地区的城投债评级情况表现较好。图6-4表明，黄三角地区城投债票面利率基本分布在4%到8%之间，与全国范围内城投债票面利率分布基本一致。表6-6关于城投债发行期限的统计情况表明，只有1支城投债券的发行期限为3年，其余债券均为中期债券，其中15支债券的期限为5—7年。

表6-5 黄三角地区城投债主体评级情况统计

主体信用评级	数量	占比（%）
AA-	1	6.67
AA	12	80
AA+	2	13.33

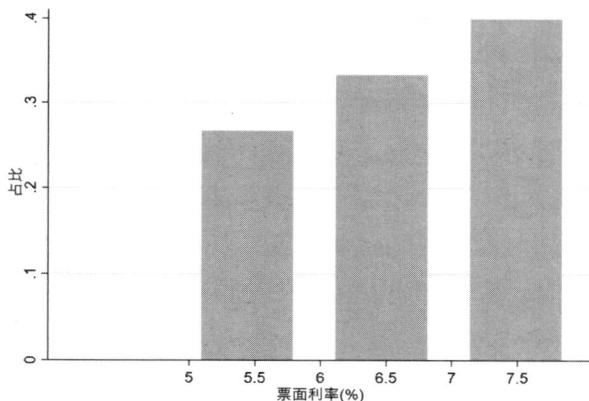

图6-4 黄三角地区城投债票面利率分布

表6-6 黄三角地区城投债发行期限情况统计

期限	数量	占比（%）
3年及以下	1	6.67
3至10年	15	93.33

第三节 黄河三角洲高效生态经济区城投债的违约风险估算

一、实证思路和模型设计

城投债的发行始于 20 世纪 90 年代，初期发行量较小。近年来，城市基础设施建设、保障性住房等民生工程导致地方政府财政压力不断增大，城投债进入井喷式发行阶段。由于城投债发行时间短，交易频率低，且缺乏充足的违约案例，城投债违约风险识别成为相关研究不可避免的难题。选择使用分解和回归的方法，可间接获得违约价差，而违约价差的高低可以反映债券违约风险水平的高低。理论上，债券的到期收益率可以分为无风险利率、流动性价差和违约价差三部分。债券的到期收益率和无风险利率在数据上可得。这里只要再对债券的流动性价差进行估算，从总的到期收益率中剔除掉无风险利率和流动性价差，即可获得债券的违约价差，即：

$$\theta_{iq} = y_{iq} - r_q - \eta_{iq}$$

其中，r_q 表示 q 季度无风险收益率，y_{iq}、η_{iq} 和 θ_{iq} 分别表示城投债 i 在 q 季度的收益率、流动性价差和违约风险价差。

这里我们可以用回归的方法对流动性价差进行测度。令 yield_spread$_{it}$ 代表 i 债券在 t 季度的收益率价差（即到期收益率与无风险利率的差值），liquidity$_{it}$ 代表 i 债券在 t 季度的流动性风险测度变量，v_t 为时间固定效应。为了避免或减轻删失变量造成的有偏问题，引入城投债发行主体的信用评级作为控制变量。此外，control$_{it}$ 还包括城投债发行规模、发行量、票面利率、到期时间等因素，避免城投债自身特征影响回归结果。可设定以下回归方程：

$$\text{yield\_spread} = \beta_0 + \beta_1 \text{liquidity}_{it} + \beta_2 \text{control}_{it} + v_t + \varepsilon_t$$

为确保实证结果的稳健性，综合前人研究文献和可得数据，这里选取了 Amihud、High-low（高低价差）和 Turnover（换手率）三种不同的流动性测度。基于上述回归方程可得到各支债券各季度的 β_1。取 $liquidity_{0.1p}$ 为 Amihud 和高低价差的 0.1% 分位数和换手率的 99.9% 分位数，则各城投债的季度流动性价差 $liquidity\_spread_t$ 可定义为：

$$liquidity\_spread_t = \beta_{1t}\,(\,liquidity_t - liquidity_{0.1p}\,)$$

在得到各城投债的季度流动性价差后，根据前文思路，债券的违约价差即可由收益率价差与流动性价差相减得到：

$$default\_spread = yield\_spread - liquidity\_spread$$

通过对城投债收益率进行以上一系列的分解和回归，城投债的违约风险即可被间接地估算出来。由于我们选取了 Amihud、High-low 和 Turnover 等三种流动性指标，此处也会得到三个不同的违约价差 default_spread，下文分别用 default_Amihud、default_High-low、default_Turnover 表示。在得到各债券的季度违约价差后，我们以区县和年度为分类对其进行加总。

二、城投债的流动性风险与收益率价差

如前文所述，我们用城投债的收益率价差分解流动性风险价差和违约风险价差。其中，流动性风险价差分别用 Amihud、High-low 和 Turnover 三个指标进行测算，从而进一步测算城投债的违约风险价差。为了检验流动性风险是否被正确定价，这里控制了城投债自身的发行期限、票面利率等特征变量，分别以 Amihud、High-low 和 Turnover 三种不同的指标度量城投债流动性风险，对城投债收益率价差（Yield_spread）做回归分析。表 6-7 的回归结果显示，以高低价差和换手率为流动性指标测算的流动性风险在统计上都是显著的，即以上两种方式测算的流动性因素均被显著地反映在收益率价差中。Amihud 也被正确地反映在了收益率价差中，但从统计上来看并不显著。同时 Amihud 和高低价差变量的 β 值为正，换手率变量的 β 值为负，符合以上三个流动性风险度量的定义，即流动性风险与 Amihud 和高低价差的值正相关，与换手率负相关。

表 6-7　城投债流动性与收益率价差

变量	Yield_spread	Yield_spread	Yield_spread
Amihud	0.017 （0.052）		
high-low		6.607*** （0.776）	
Turnover			−0.100** （0.040）
距到期日时间	−0.326*** （0.007）	−0.324*** （0.007）	−0.323*** （0.007）
主体评级	有	有	有
票面利率	181.264*** （4.133）	181.522*** （4.140）	181.886*** （4.137）
发行量	0.102*** （0.008）	0.103*** （0.008）	0.102*** （0.008）
时间固定效应	有	有	有
intercept	2 246.741*** （24.549）	2 295.014*** （25.181）	361.445 （524.340）
N	52 379	52 379	52 379
R^2	0.005	0.006	0.006

注：***$p<0.01$，**$p<0.05$，*$p<0.10$。

三、黄三角地区城投债违约价差概况

表 6-8 为通过上述计量模型估算出的各区县城投债的年度违约价差水平，default_Amihud、default_High-low、default_Turnover 分别为根据 Amihud、High-low、Turnover 三种不同流动性风险指标估算出的违约价差水平，违约价差的单位为基点（bps）。统计结果表明，以三种流动性指标计算的城投债违约风险趋势较为一致。以东营区为例，在 2015—2017 年，三种指标计算的城投债违约风险均呈现下降趋势。另外，博兴县、昌邑市、高青县等经济相对不发达地区城投债违约风险较高，而东营区、寿光市等地区由于经济发展水平较高，地方政府财政压力较低，城投债违约风险水平较低。这表明对于经济不发达地区，地方政府应当正确估计自身债务偿还能

力，合理规划城投债发行，促进地区经济健康发展。

表6-8　黄三角地区城投债违约价差

年份	区、县、市	default_Amihud（bps）	default_High-low（bps）	default_Turnover（bps）
2015	东营区	412.7654	412.7599	241.0459
2016	东营区	305.8388	305.6718	135.1582
2017	东营区	234.3915	234.3915	61.2177
2014	博兴县	709.8752	709.8752	536.7014
2015	博兴县	546.936	526.6514	380.4393
2016	博兴县	418.622	411.9403	250.8336
2017	博兴县	478.3711	472.9247	309.0168
2013	寿光市	633.1286	633.0574	464.9396
2014	寿光市	545.259	544.1056	376.0952
2015	寿光市	444.1159	440.6509	279.2477
2016	寿光市	381.0615	376.4749	213.907
2017	寿光市	606.7311	605.6015	436.0385
2016	广饶县	307.9694	275.67	145.2935
2017	广饶县	388.5457	388.254	215.658
2012	昌邑市	635.7421	555.6626	536.3795
2013	昌邑市	538.9032	538.3346	370.5662
2014	昌邑市	582.4207	573.7411	411.4061
2015	昌邑市	584.2763	575.2197	416.0371
2016	昌邑市	639.6346	638.946	470.2898
2017	昌邑市	1 093.716	1 090.32	923.9146
2016	沾化区	469.9834	380.4357	310.771
2017	沾化区	470.6525	470.5188	301.8737

续表6-8

年份	区、县、市	default_Amihud（bps）	default_High-low（bps）	default_Turnover（bps）
2014	滨城区	647.4276	644.8923	479.9265
2015	滨城区	545.3414	537.8358	375.8452
2016	滨城区	444.6929	440.022	280.5894
2017	滨城区	1 202.372	1 202.205	1 031.099
2017	高青县	652.4637	652.4637	479.29

　　表6-9为各区、县、市发行的城投债违约价差的年度平均变化率情况，表格中按照地区城投债违约风险年度变化率由低到高排列。其中，滨城区、广饶县和昌邑市的城投债违约风险呈逐年上升状态，这可能是因为城市基础设施建设加快带来了较大的融资需求，地方政府城投债发行规模的扩大导致地区内城投债违约风险上升。此外，东营区和博兴县的违约风险则呈下降趋势，寿光市和沾化区违约风险水平较为稳定。

表6-9　黄三角地区城投债违约价差年度变化率

地区	default_Amihud	default_High-low	default_Turnover
东营区	−21.61%	−21.61%	−37.30%
博兴县	−10.87%	−11.13%	−14.14%
寿光市	−1.04%	−1.08%	−1.55%
沾化区	0.14%	23.68%	−2.86%
昌邑市	14.41%	19.24%	14.45%
广饶县	26.16%	40.84%	48.43%
滨城区	28.57%	28.81%	38.28%

　　表6-10描述了2017年度黄三角地区城投债的违约风险水平与全国平均水平的差异程度。从中可以看出仅有昌邑市和滨城区违约风险水平略高于全国平均水平，其余各区、县、市均远低于全国平均城投债违约风险水平。

总体来看，相对于全国城投债违约风险平均水平，黄三角地区的城投债违约风险处于较低水平。

表 6-10 2017 年黄三角地区城投债违约价差较全国平均水平差异率

区、县、市	违约价差 1	违约价差 2	违约价差 3
东营区	−77.00%	−76.95%	−92.78%
广饶县	−61.87%	−61.82%	−74.57%
沾化区	−53.81%	−53.73%	−64.40%
博兴县	−53.05%	−53.50%	−63.56%
寿光市	−40.46%	−40.45%	−48.58%
高青县	−35.97%	−35.84%	−43.48%
昌邑市	7.33%	7.21%	8.95%
滨城区	18.00%	18.21%	21.59%

图 6-5 刻画了 2013—2017 年黄三角地区总体城投债违约价差的变化情况。总体来看，以三种指标计算的城投债违约风险变化趋势较为一致。2014 年后，城投债违约风险缓慢下降。这可能是由于国务院于 2014 年颁布相关法案，要求将地方融资平台与地方政府剥离开来，并指出对于地方政府的债务，中央政府实行不救助原则。这一法案的颁布促使地方政府开始关注城投债违约风险，加强了城投债发行的审核工作。2016 年以后，由于经济发展面临下行的压力，城投债违约风险呈现上升趋势。

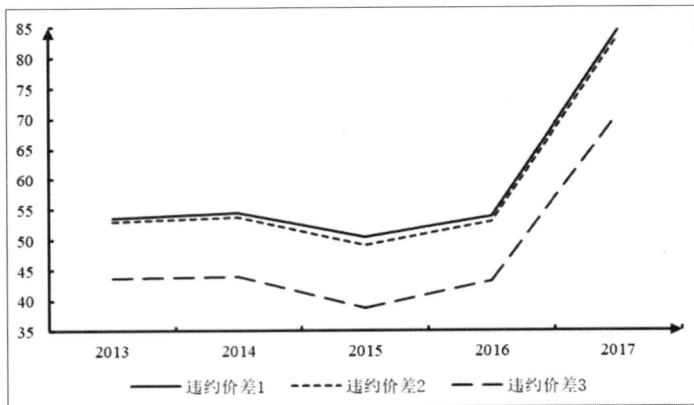

图 6-5　黄三角地区城投债违约风险的时间演化

第四节　本章结论及政策建议

有研究指出，城投债在 2015—2021 年将达到一个偿还密集期，地方政府偿付压力较大。当前，对黄三角地区的城投债予以整体把握、估计并监测其违约价差、确保黄三角地区经济稳定持续发展，已成为不可忽视的重要问题。基于此，本章对全国及黄三角地区内的城投债发行情况进行了统计和概括。我们利用计量模型，分离和估算出了黄三角地区发行城投债的违约价差，并将其与全国平均城投债违约价差水平相比较，据此提出促进可持续发展的政策建议。

本章主要研究结论如下：

1. 黄三角地区的地方政府并未将城投债作为一个主要的融资方式。在黄三角地区 19 个区、县、市中，仅有 8 个区、县、市发行了城投债。发行的城投债数量同全国比处于一个较低的水平，目前仍在市场中流通的债券为 15 支。

2. 尽管黄三角地区城投债发行数量较少，但债券质量较高。无论从风险溢价、主体信用评级还是流动性水平来看，黄三角地区城投债的各种衡量指标都优于全国平均水平。

3. 黄三角地区城投债的违约价差远低于全国平均水平，可以认为其违约风险处于稳定可控的范围内。

基于以上研究和结论，本章提出以下政策建议：

1. 本章的研究方法可以直接应用于预测、预警山东省各个地方的土地融资风险。我们将城投债的收益率价差分解成流动性风险价差部分和违约风险价差部分，从总的城投债收益率价差中剔除流动性价差部分，得到违约价差部分。这一违约价差是违约风险的一个较好的估计量，可用以评估各地的土地融资风险，进行风险预警。

2. 黄三角地区城投债发行数量较少，应该加大地方债发行的力度。地方债务资金可能是解决地方政府财政收支不平衡、融资困难的长期手段。随着以政府债券为主体的地方政府举债融资机制的构建，未来政府债券将成为地方政府举债的最主要的方式。黄三角地区政府应该加强对城投债的利用，以便更加合理、更加科学地筹集资金搞经济建设。

第七章

黄河三角洲高效生态经济区的小额贷款公司研究

吕玉霞　张蕾　侯麟科　董之宇*

要发展中小企业，推进供给侧结构性改革，就必须大力发展中小金融机构，推动普惠金融的发展，使金融更好地为实体经济服务。中小型金融机构最典型的代表就是小额贷款公司。小额贷款公司是我国普惠金融体系的重要组成部分。根据 2008 年 5 月中国银监会和中国人民银行联合发布的《关于小额贷款公司试点的指导意见》（银监发〔2008〕23 号），小额贷款公司是经营小额贷款业务的企业法人，有独立的法人财产，享有法人财产权，自主经营，自负盈亏。

设置小额贷款公司的政策目标主要是引导资金流向农村和欠发达地区，鼓励小额贷款公司面向农户和微型企业提供信贷服务。小额贷款公司的服务对象应具有弱势群体性与贷款额度的微小性。但随着我国小额贷款公司的发展，中小企业"融资贵、融资难"的问题并没有得到有效解决，而且小额贷款公司行业自身也开始暴露出问题：盈利水平下降，不良贷款率持续上升，信贷服务出现脱农现象，公司高管人员"跑路"，对社会造成了不利影响。这说明不论是小额贷款公司的经营财务目标方面还是社会政策目标方面都出现了一定的程度的偏移现象。从整体上把握山东省小额

---

* 吕玉霞，山东青年政治学院副教授；张蕾，山东大学基建处高级工程师；侯麟科，山东大学经济研究院副教授、博士生导师；董之宇，中国信达资产管理股份有限公司山东省分公司研究员。

贷款公司的发展概况并分析其经营效率、生存风险，对确保山东省金融环境稳定、推动普惠金融发展、化解区域性金融风险具有重要意义。

本章首先分别对山东省整体和黄三角地区小额贷款公司发展情况进行概述，再采用 DEA 模型和生存分析模型，对小额贷款公司的经营效率进行测算，并分析经营效率对小额贷款公司死亡风险的影响，为下一步相关规划和政策制定提供参考。

第一节 山东省小额贷款公司发展概述

2008 年 5 月，中国银监会和中国人民银行联合发布的《关于小额贷款公司试点的指导意见》（银监发〔2008〕23 号）指出，小额贷款公司是经营小额贷款业务的企业法人，有独立的法人财产，享有法人财产权，自主经营，自负盈亏。《指导意见》从小额贷款公司的性质、设立、资金来源及用途、监督管理等方面提出了指导性的意见，并在全国范围内推广小额贷款企业试点。随后小额贷款公司如雨后春笋般纷纷出现，有力地支持了当地经济建设。2008 年 9 月 4 日山东省政府出台《关于开展小额贷款公司试点工作的意见》，明确指出小额贷款公司的设立是为了改善农村地区的金融服务，规范和引导民间融资，推进小企业发展和社会主义新农村建设；通过小额贷款公司对山东省金融资源进行有效配置，积极引导资金流向小微企业，促进社会发展。自 2008 年试点以来，山东省相继颁布相关的法律文件，对小额贷款公司的准入、监管、经营区域及融资等各方面进行规范。山东省小额贷款公司得到迅速发展的同时，问题也在逐渐暴露。整体上讲，山东省小额贷款公司数量较少，公司的规模较小，实力不强，对于满足资金需求的作用较小。[1]

---

1 孙国茂，安强身：《普惠金融组织与普惠金融发展研究》，北京：中国金融出版社 2017 年 1 月版，第 196 页。

表 7-1　山东省小额贷款公司基本情况统计

指标名称	机构数量（个）	从业人员数（人）	实收资本（亿元）	贷款余额（亿元）	贷款余额增长率（%）
2010 年	98	1 005	87.73	95.16	–
2011 年	184	1 985	186.01	222.53	133.85
2012 年	257	2 934	278.17	331.38	48.91
2013 年	294	3 556	335.22	404.84	22.17
2014 年	327	4 040	400.66	462.44	14.23
2015 年	339	4 722	435.41	481.62	4.15
2016 年	335	4 317	441.20	481.30	−0.07
2017 年	334	4 282	448.62	495.04	2.85
2018 年	322	3 672	437.22	480.51	−2.94

数据来源：Wind。

从表 7-1 可以看出：2010 年山东省小额贷款公司仅有 98 家，从业人员 1 005 人，贷款余额为 95.16 亿元；截至 2018 年底，全省范围内共有小额贷款公司 322 家，从业人员 3 672 人，贷款余额为 480.51 亿元，较 2017 年下降 2.94%；在 2016 年以前，山东省小额贷款公司各项指标都呈不断增长的趋势，增长的速度逐年递减；从 2016 年开始山东省小额贷款公司机构数量和从业人员开始不断减少，贷款余额先减少后增加，总体略有下降。

从图 7-1 看出：2015 年以前，山东省小额贷款公司贷款余额一直保持增长，但增长速度每年都有下降；从 2015 年开始，贷款余额基本保持平稳，增加量和减少量都很少。

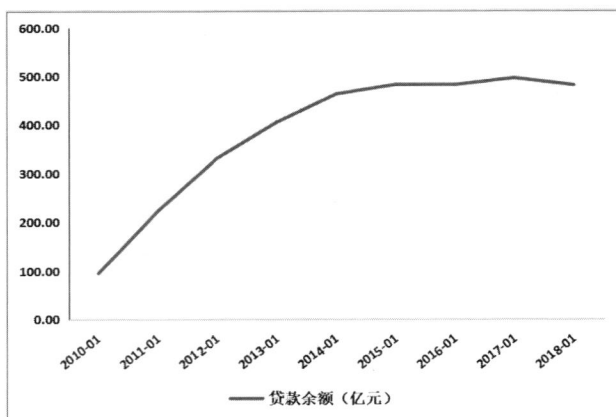

图 7-1　山东省小额贷款公司贷款余额统计

表 7-2　山东省小额贷款公司平均贷款额度统计

指标	贷款余额（亿元）	不良贷款余额（亿元）	不良贷款率	不良贷款率增长率
2010 年	95.16	1.03	1.08%	
2011 年	222.53	2.65	1.19%	10.19%
2012 年	331.38	4.68	1.41%	18.68%
2013 年	404.84	6.87	1.70%	20.16%
2014 年	462.44	10.42	2.25%	32.78%
2015 年	481.62	27.05	5.62%	149.26%
2016 年	481.30	31.33	6.51%	15.90%

从表 7-2 可以看出：2010 年山东省小额贷款公司不良贷款余额为 1.03 亿元，不良贷款率仅有 1.08%；到 2016 年，山东省小额贷款公司不良贷款余额为 31.33 亿元，不良贷款率已高达 6.51%。

再结合图 7-2 可以发现，不良贷款率增加最为迅速的一年是 2015 年。2015 年的不良贷款率比 2014 年提高了 149.26%。对比图 7-1 贷款余额和不良贷款率的增加还可以看出，伴随着山东省小额贷款公司贷款余额增长速度的下降，不良贷款却在不断增加。

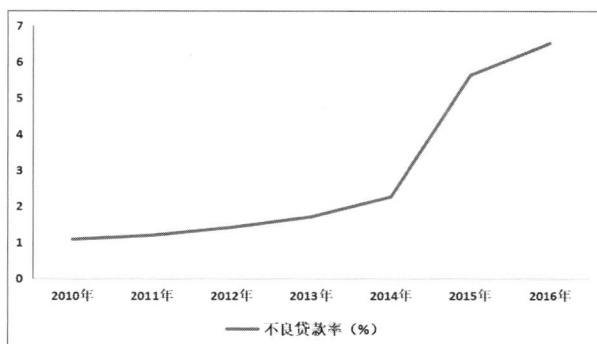

图 7-2　山东省小额贷款公司不良贷款率统计

　　贷款利息收入直接体现小额贷款公司的收入水平，资产收益率则是反映小额贷款公司盈利水平的重要指标之一。从表 7-3 可以看出，2015 年之前山东省小额贷款公司利息收入是不断增加的，且增加的速度不断降低，2015 年贷款利息收入首次出现了下降。从表 7-2 对不良贷款率的分析也可以看出，2015 年是不良贷款率增加最大的一年，不良贷款率增长率高达 149.26%。从表 7-3 还可以看出：平均资产收益率在 2014 年首次出现下降，但下降幅度较小，只有 1.75%；平均资产收益率真正开始下降与贷款利息收入一样也是在 2015 年，2015 年下降幅度高达 50.75%。

表 7-3　山东省小额贷款公司经营概况

指标	总利息收入（亿元）	平均利息收入（万元）	利息收入增长率（%）	平均资产收益率（%）	平均资产收益率增长率（%）
2010 年	6.91	561.41	157.58	3.10	
2011 年	26.15	1 239.41	278.72	6.39	106.13%
2012 年	45.07	1 522.60	72.34	7.12	11.42%
2013 年	54.55	1 585.63	21.03	7.42	4.21%
2014 年	99.61	2 502.88	82.63	7.29	−1.75%
2015 年	51.40	1 235.65	−48.4	3.59	−50.75%
2016 年	34.77	827.84	−32.36	2.11	−41.23%

　　小额贷款公司的股东多为当地的优良企业或者从事实体经济的自然人。他们不仅对当地的经济十分了解，对自身行业的发展更了解。他们通过股东们的实业背景，依靠地缘优势、人际脉络关系，可以与当地几家具有地缘关系、血缘关系、人缘脉络的"关系客户"长期合作。由于受限于信贷人员数量、素质、风险控制技术等因素，在客户方面他们大多只针对农户中的大户，而且贷款主要是周转性的资金信贷。

　　在小额贷款公司成立之初，商业银行响应国家政策对其进行了融资，而且利率一直控制在6%左右。但全国小额贷款公司发展迅速，风险控制技术水平并没有相应提高。商业银行为了防范风险，向小额贷款公司融资的意愿大大降低。外源融资难获得，自身利润积累又很有限，小额贷款公司只剩下增资扩股一条路，但因盈利预期不好，增资扩股难以实现。在内外融资交困之下，小额贷款公司贷款方向逐渐偏离"三农"，信贷结构也发生了巨大变化：（1）贷款额度向大额集中越来越明显，由"中间大两头小"的结构演变成"一头大"的结构；（2）贷款期限越来越短（见表7-4），低于6个月的短期贷款占比越来越大。另外只贷不存的政策规定，使得小额贷款公司一旦发展太快就会出现后续资金不足的困境。为了防止出现"无米之炊"，短期贷款受到小额贷款公司普遍偏爱。而低于6个月的短期贷款无论如何都难以适用于生产，尤其是农业生产。

表7-4　山东省小额贷款公司贷款期限分布情况

年份	不同期限累计贷款额占比（%）		
	0-6个月	7-12个月	12个月以上
2010	84.82	13.54	1.64
2011	86.07	13.82	0.10
2012	82.90	16.88	0.22
2013	81.68	18.05	0.27
2014	81.77	17.88	0.35
2015	78.05	21.39	0.56
2016	75.05	24.06	0.89

值得一提的是，山东省小额贷款公司业务的这种变化，与过桥贷款比重的加大息息相关。过桥贷款是一种短期融资，其实质是一种过渡性贷款，目的是暂时缓解资金紧张问题。通过商业银行与贷款人之间的信用衔接，它可以使得贷款人在还清商业银行贷款的同时获得后续贷款的资质，获得贷款后再还给小额贷款公司，期限一般就是商业银行贷款审批、放贷所需时间。过桥贷款明显具有短期性，往往不超过两个月。所以商业银行的信贷制度在无形中给小额贷款公司做了担保，只要中小企业能还上到期贷款，一般会继续提供新的贷款，从而保证了企业对贷款公司的履约承诺。小额贷款公司成立的初衷在于为那些缺乏信贷支持的边缘群体提供小额贷款以支持其生产，而现在小额贷款公司的客户大部分是与商业银行已经建立信贷关系的企业。这种为信用而提供信用支持的信贷机制已经与为生产而提供信用支持的设立初衷相违背。

第二节 黄三角地区小额贷款公司发展概述

国务院 2009 年 11 月 23 日正式批复《黄河三角洲高效生态经济区发展规划》，中国三大三角洲之一的黄三角地区的发展上升为国家战略，成为国家区域协调发展战略的重要组成部分。黄三角地区城市群共 19 个县、区、市，具体包括东营市的东营区、河口区、广饶县、垦利县、利津县（共 5 个），滨州市的滨城区、邹平市、沾化县、惠民县、博兴县、阳信县、无棣县（共 7 个），德州市的乐陵市、庆云县（共 2 个），潍坊市的寿光市、寒亭区、昌邑市（共 3 个），烟台市的莱州市（共 1 个），淄博市的高青县（共 1 个）。2012 年东营市共有 37 家小额贷款公司，滨州市共有 31 家小额贷款公司，德州市共有 3 家小额贷款公司，潍坊市共有 17 家小额贷款公司，莱州市共有 4 家小额贷款公司，高青县共有 2 家小额贷款公司。2016 年东营市共有 28 家小额贷款公司，存活率 75.68%；滨州市共有 23 家小额贷款公司，存活率 74.19%；德州市共有 3 家小额贷款公司，存活率 100%；潍坊市共有 11 家小额贷款公司，存活率 64.71%；莱州市共有

4家小额贷款公司，存活率100%；高青县共2家小额贷款公司，存活率100%。由此看以看出，区域竞争越激烈，小额贷款公司的存活率越低。

表7-5　黄三角地区2016年小额贷款公司发展概况（一）

地区	机构数量（2012年）	机构数量（2016年）	存活率	从业人员数（人）
东营市（5个区、县）	37	28	75.68%	903
滨州市（7个区、县、市）	31	23	74.19%	423
德州市（2个县、市）	3	3	100.00%	68
潍坊市（3个区、市）	17	11	64.71%	204
烟台莱州市	4	4	100.00%	109
淄博高青县	2	2	100.00%	20

贷款余额反映小额贷款公司的放贷能力，利息收入反映小额贷款公司的盈利能力，不良贷款率反映小额贷款公司风险控制能力。表7-6着重对黄三角地区小额贷款公司这三方面的能力进行了分区域对比。

表7-6　黄三角地区2016年小额贷款公司发展概况（二）

地区	贷款余额（万元）	平均贷款余额（万元）	不良贷款余额（万元）	平均不良贷款余额（万元）	平均不良贷款率（%）	总利息收入（万元）	平均利息收入（万元）
东营市	1 183 162	42 255.8	1 278.54	45.66	0.11%	130 900	4675
滨州市	457 284	19 881.9	25 457.1	1 106.83	5.57%	27 727.3	1 205.53
德州市	21 419.2	7 139.75	49.78	16.59	0.23%	1 418.52	472.84
潍坊市	272 398	24 763.4	17 263.5	1 569.41	6.34%	14 299.3	1 299.94
烟台莱州市	79 276.2	19 819	5 043.96	1 260.99	6.36%	5 121.71	1 280.43
淄博高青县	25 958	12 979	1 312	656	5.05%	241.8	120.9

从图7-3来看，东营市小额贷款公司平均贷款余额最高，是第二高的潍坊市小额贷款公司平均贷款余额的将近2倍，是最低的德州市小额贷款公司平均贷款余额的6倍左右。

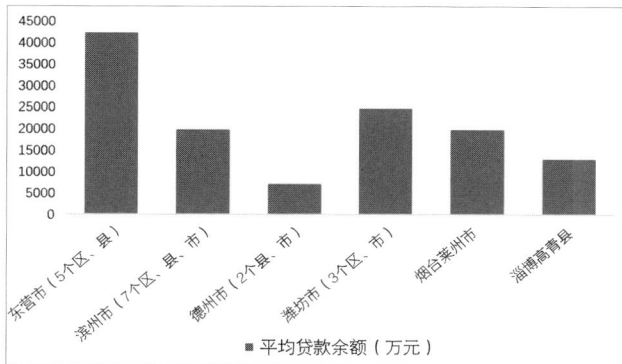

图 7-3　黄三角地区小额贷款公司平均贷款余额统计

由图 7-4 可见,由于东营市小额贷款公司平均贷款余额最高,其平均利息收入也是最高的。值得一提的是东营市小额贷款公司在不良贷款方面也控制得很好,在贷款余额高达 1 183 161.55 万元的情况下,不良贷款余额只有 1 278.55 万元。与东营市形成反面对比的是潍坊市。潍坊市小额贷款公司平均贷款余额是第二高,总贷款余额第三高,但其平均利息收入与烟台莱州市和滨州市处在同一水平,且平均不良贷款余额最高,是东营市平均不良贷款余额的 34 倍之多。

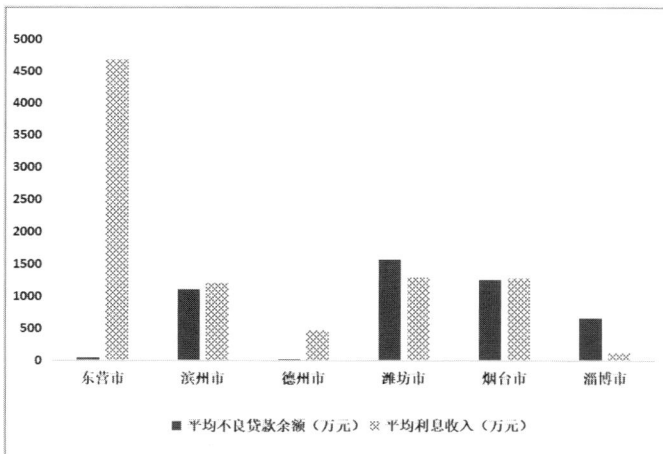

图 7-4　黄三角地区小额贷款公司经营情况统计

由图 7-5 可以进一步看出黄三角地区小额贷款公司不良贷款率方面的情况。潍坊市、莱州市、滨州市和高青县相差不大，为同一水平，与东营市和德州市相差巨大。这说明黄三角地区小额贷款公司在不良贷款控制方面出现了明显的两极分化。

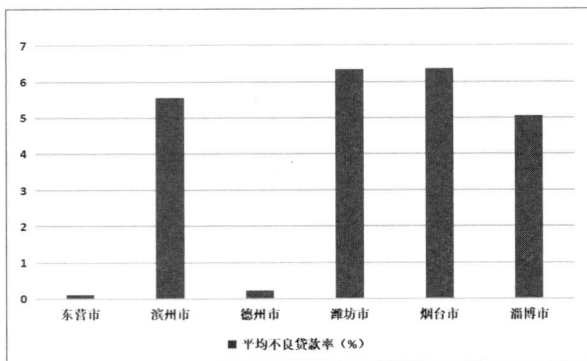

图 7-5　黄三角地区小额贷款公司平均不良贷款率统计

整体来看，黄三角地区的小额贷款公司经营得最好的区域是东营市——其平均贷款余额和平均利息收入在黄三角地区的小额贷款公司中都是最高的，并且平均不良贷款率在黄三角地区小额贷款公司中是最低的，为 0.11%；其次是德州市——虽然其平均利息收入不高，但其不良贷款率很低，只有 0.23%。潍坊市、滨州市和烟台莱州市的小额贷款公司平均利息收入相差不大，但不良贷款率都很高，分别为 6.34%、5.57% 和 6.63%。小额贷款公司经营得最差的区域是淄博高青县——在利息收入并不高的情况下，其不良贷款率高达 5.05%。

第三节　黄三角地区小额贷款公司的经营效率测算

本文从 SBM-U 效率值和 Malmquist-Luenberger 生产率指数（全要素生产率）综合评价山东省小额贷款公司的经营效率。效率值与全要素生产率的差异主要体现为前者属于静态分析，而后者属于动态分析。对小额贷款公司全要素生产率的分析可以实现对小额贷款公司近几年的动态跟踪评估。同时，本文通过静态分析和动态分析分别测算了不考虑不良贷款约束的 SBM 效率值和 Malmquist 生产率指数，通过对比发现不良贷款对于小额贷款公司经营效率提高的制约作用。

1.本文研究时段为2012—2016年，涉及山东省黄三角地区19个区、县、市的小额贷款公司，共计94家企业。因为研究的时段较短，为了增大样本量，使计量结果更加准确，本文以企业的每个季度为一个观测值，共计 1 388 个观测值。因为每年都有新建与倒闭的企业，所以每年的样本企业并不完全相同。目前，关于金融机构投入和产出变量的选取主要有三种方法：一是生产法。该方法强调从生产活动方面对金融机构进行评估，投入变量主要包括营业成本和劳动成本等，而产出变量主要包括银行提供的各类金融服务，例如各类账户数量和金融交易笔数等。二是资产法。该方法强调从资金运动和循环方面对金融机构进行评估，投入变量主要包括存款和其他负债，而产出变量主要包括资产负债表中的贷款和其他资产。三是中介法。该方法强调从存款和借入资金转换成贷款和其他资产从而获取利润的能力方面对金融机构进行评估，投入变量主要包括各类资金成本，而产出变量主要包括贷款、盈余和投资额等。本文中投入的变量以资产法和生产法相结合的方法来选取，包括所有者权益、营业支出和期末从业人员等 3 个指标。小额贷款公司的产出变量应当充分反映其放贷能力、盈利能力以及风险程度。

表 7-7　投入产出变量描述性统计（2012—2016 年）

变量	指标	观测值个数	最大值	最小值	均值	标准差
投入变量	所有者权益	1 388	100 522	0	15 751.46	9 367.15
	营业支出	1 388	21 598.5	0	593.05	1 280.51
	期末从业人员	1 388	402	0	20	32
产出变量	五级分类贷款总额	1 388	529 254	0	25 108.72	43 717.46
	利息收入	1 388	76 346.3	0	1 835.54	4 971.87
	不良贷款余额	1 388	23 392.9	0	525.05	1 851.89

为此，本文中产出变量包括五级分类贷款总额（反映其放贷能力）、利息收入（反映其盈利能力）、不良贷款余额（反映其风险程度）和各项资产减值准备（反映其风险程度）等4个指标。其中，五级分类贷款总额和利息收入表示小额贷款公司的"好产出"，不良贷款余额和各项资产减值准备表示小额贷款公司的"坏产出"。各变量的描述性统计如表7-7所示。

2.静态效率分析。

本文采用MAXDEA软件测算不良贷款约束下山东省小额贷款公司效率情况。总体来看，2012—2016年，山东省黄三角地区小额贷款公司处于SBM-U无效状态，年均效率值为0.490。其中，SBM-U有效的小额贷款公司占当年观测值的比例年均仅为17%；而SBM-U无效的小额贷款公司占当年观测值的比例年均为83%。此外，在SBM-U无效的小额贷款公司中，ρ<0.5的小额贷款公司占SBM-U无效小额贷款公司的比例约为60%。分年统计情况具体见表7-8。

表7-8　SBM-U效率测评统计结果

| 年份 | 观测值个数 | SBM-U有效 | | SBM-U无效 | | | | SBM-U效率均值 |
		个数	占比（%）	个数	占比（%）	其中ρ<0.5个数	占比（%）	
2012	249	50	20.08	199	79.92	144	57.83	0.527
2013	250	40	16.00	210	84.00	169	67.60	0.432
2014	333	52	15.62	281	84.38	173	51.95	0.530
2015	314	50	15.92	264	84.08	197	62.74	0.466
2016	291	50	17.18	241	82.82	169	58.08	0.493

总体来看，从2012年到2016年，山东省黄三角地区小额贷款公司的SBM-U效率均值呈降低的趋势。这意味着经营效率整体上是降低的。同时，还可以看出，考虑不良贷款约束下的SBM-U有效的观测值占每年观测值的比例有减少的趋势。只有2016年的SBM-U有效的观测值比例比2015年有所上升，SBM-U无效的观测值比例较2015年略有下降，并且ρ<0.5的观测值占SBM-U无效观测值的比例也略有下降。最终，2016年SBM-U

效率值比 2015 年有所提高。

3. 动态效率分析。

表 7-9 数据结果是基于 Malmquist-Luenberger 生产率指数测算的黄三角地区小额贷款公司全要素生产率及其分解指标情况。

表 7-9　Malmquist-Luenberger 生产率指数统计结果

时间	基于 Malmquist-Luenberger 生产率指数		
	全要素生产率（ML）	技术效率指数（EC）	技术进步指数（TC）
2012Q1—2012Q2	0.991	0.993	1.000
2012Q2—2012Q3	0.992	0.991	1.002
2012Q3—2012Q4	1.004	1.002	1.003
2012Q4—2013Q1	0.998	1.032	0.969
2013Q1—2013Q2	1.005	0.773	1.306
2013Q2—2013Q3	1.012	1.125	0.900
2013Q3—2013Q4	1.009	1.069	0.945
2013Q4—2014Q1	1.008	1.085	0.932
2014Q1—2014Q2	0.982	0.999	0.984
2014Q2—2014Q3	0.988	0.941	1.051
2014Q3—2014Q4	0.995	1.046	0.953
2014Q4—2015Q1	1.015	1.020	0.996
2015Q1—2015Q2	0.979	0.970	1.011
2015Q2—2015Q3	0.992	1.013	0.983
2015Q3—2015Q4	0.971	0.930	1.050
2015Q4—2016Q1	1.033	1.012	1.032
2016Q1—2016Q2	0.998	1.089	0.920
2016Q2—2016Q3	0.987	1.009	0.979
2016Q3—2016Q4	0.983	0.995	0.989
平均	0.997	1.005	1.000

通过对基于 Malmquist-Luenberger 生产率指数的测算结果进行分析发现，2012—2016 年山东省黄三角地区小额贷款公司全要素生产率波动较大，

总体有下降的趋势（见图 7-6）。

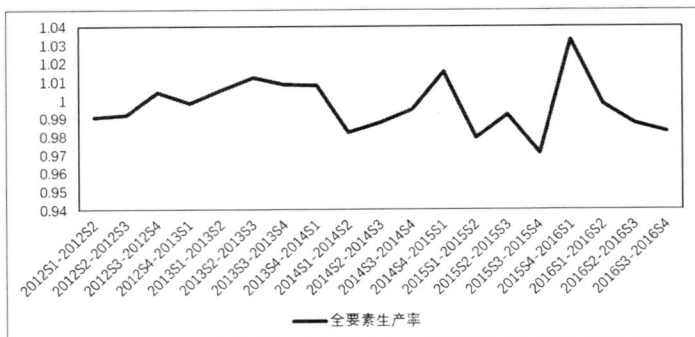

图 7-6　全要素生产率折线

通过对全要素生产率的分解发现，全要素生产率负增长的原因主要是技术进步负增长（见图 7-7）。

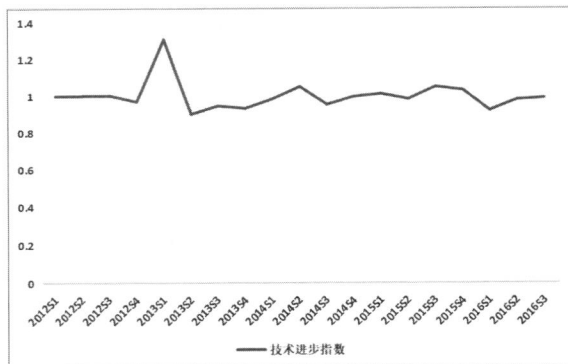

图 7-7　技术进步指数折线

第四节　黄三角地区小额贷款公司的生存风险实证分析

一、小额贷款公司生存状况

生存函数（survivalfunction）是描述生存时间统计特征的基本函数，我们将其定义为企业在样本中持续存在超过 t 年的概率，即 $S_i = P(T_i > t)$。
我们广泛采用 K-M 生存函数进行如下估计（Kaplan and Meier, 1958）：

$$S(t) = \prod_{k=1}^{t} \frac{n_k - d_k}{n_k}$$

其中 n_k 是指在 k 期处于死亡危险状态中的企业个数，d_k 代表同期观测
到的实际退出企业个数。基于 Kaplan-Meier 估计，我们对黄三角地区小额
贷款公司的生存分布做了估计。总体来看，本文样本企业共 95 家，其中
有 24 家没有存活至 2016 年第 4 季度，总存活率为 74.74%。

图 7-8 给出了黄三角地区小额贷款公司的生存概率变化，分析时间 0—
20 分别代表着 2012 年第 1 季度到 2016 年第 4 季度。从图 7-8 可以看出，
生存曲线呈下降趋势。统计分析表明，样本企业在 2013 年第二季度开始
出现退出。首次只有 1 家企业退出，此后几乎每季度都有 1—2 家小额贷
款公司退出。值得注意的是在 2014 年第 3 季度单季度退出的小额贷款公
司高达 10 家，在 2015 年第 3 季度单季度退出的小额贷款公司有 5 家；最
终在短短 5 年内，样本中连续存续的企业只有 74.74%。在山东省所有小
额贷款公司中，这一存活率是 81.58%。由此可见，黄三角地区小额贷款公
司面临的生存风险更大。

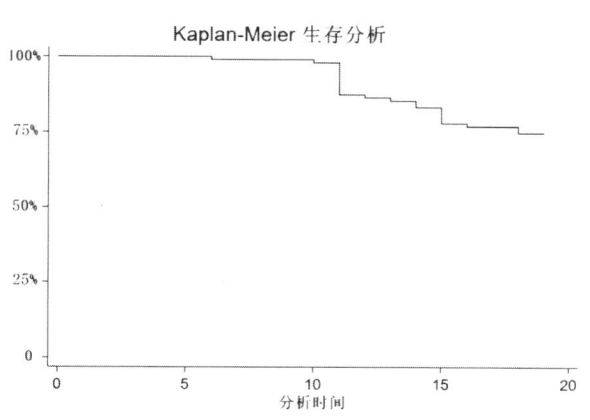

图 7-8　黄三角地区小额贷款公司生存概率变化

　　图 7-9 进一步给出了国有企业与民营企业各自的生存曲线。其中
ownership=1 代表有国有背景的小额贷款公司，ownership=0 代表纯民营小
额贷款公司。从中可以看出，与国有小额贷款公司相比，民营小额贷款公
司面临更高的退出风险率。而且，在整个报告期内黄三角地区国有小额贷
款公司全部得以生存，而民营小额贷款公司生存率却不断下降。国有小额
贷款公司与民营小额贷款公司之间的生存曲线差异变得越来越大。这一结
果反映了随着市场竞争不断加剧，国有小额贷款公司由于有国有背景的支
撑，其市场退出风险比民营小额贷款公司低。

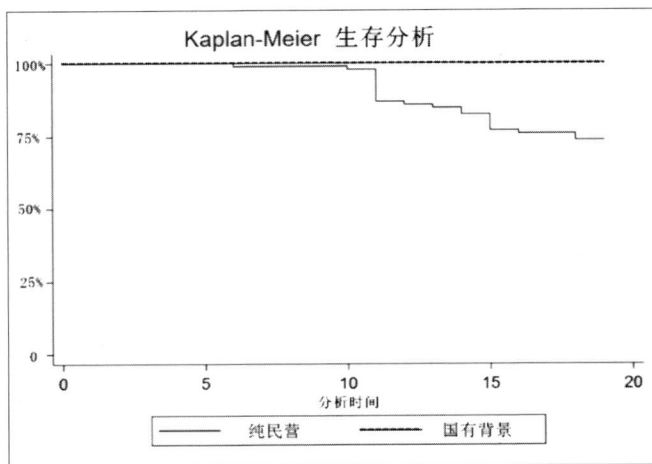

图 7-9　黄三角地区小额贷款公司生存概率变化（区分是否国企）

二、实证模型

　　本文选取经营效率、不良贷款比率和地区竞争这三个变量作为生存分
析的影响因素。

　　经营效率指企业经营活动过程中投入资源与产出之间的对比关系。小
额贷款公司由于不能吸收存款，属于高杠杆的金融企业，收益与风险合理
匹配、控制是小额贷款公司可持续经营发展的前提条件。因此，分析影响
小额贷款公司存活与否必须考虑其经营管理的副产出——不良资产。所以
本文选取基于松弛变量非期望产出的（Slack-Based Measure-Undersirable,

SBM-U）DEA 模型计算得到的 SBM-U 效率值，使用未分解的技术效率（TE）
代表小额贷款公司的经营效率。

不良贷款（Non-performing Loan，NPL）。1998 年 5 月，中国人民银
行参照国际惯例，结合中国国情，制定了《贷款分类指导原则》，按风险
程度将贷款划分为五类——正常、关注、次级、可疑、损失，后三种为不
良贷款。根据前文分析可知，如果不考虑不良贷款，不论是在静态效率分
析中还是在动态效率分析中都会造成结果的偏差。具体而言，不考虑不良
贷款会导致经营效率测算结果的高估，那么，不良贷款比率 = 五级分类不
良贷款额 / 五级分类贷款总额。

地区竞争（Regional Competition，RC）。我国小额贷款公司区域性分
布的特点十分明显。如果某时间、某地区的小额贷款公司数量较多，相互
之间的竞争会影响小额贷款公司的存活情况。所以，本文使用某一年份、
某一地区小额贷款公司的数量代表地区竞争，数量越多说明地区竞争越激
烈，数量越少说明地区竞争越不激烈。

除了上文所述的影响小额贷款公司存活情况的三个主要因素外，小额
贷款公司的存活情况还受到众多因素的影响。为了使论据更有说服力，本
文结合山东省小额贷款公司发展状况，将影响小额贷款公司存活情况的因
素尽可能地考虑进来作为控制变量（CV），具体包括营业收入、总资产、
所有者权益、所有权性质、营业支出、机构户数和期末从业人员数等。

本文采用加速失效时间模型（Accelerated Failure Time Model，ATF 模型）
来估计山东省小额贷款公司存活情况的影响因素。加速死亡模型是参数模
型（Parametric Model）的一种。参数模型结果（即事件发生的时间）的分
布是根据未知参数来确定的，许多参数模型都是加速失效时间模型，其生
存时间是预测变量的函数。加速失效时间模型的基本设定为：

$$\ln T = \beta X + z$$

其中，T 为小额贷款公司存活期限时间，向量 X 为影响企业生存时间
的一组因素，向量 β 为待估计参数。令 $\mu = \dfrac{z}{\sigma}$。μ 是误差项，σ 是危险函数
的一个规模因子，其中 μ 服从极值（Grmbel）分布。把 z - μσ 代入上式有：

$$\ln T = \beta X + \mu\sigma$$

上式可转化成 $T*e^{-\beta X}=e^{\mu\sigma}$。其中，$e^{-\beta X}$ 是生存时间的比例因子。加速失效时间模型的优点在于容易理解企业存活的影响因素：如果 $e^{-\beta X}>1$，那么小额贷款公司退出（failure）会加速到来，即生存时间（Survival Time）被缩短了；当 $e^{-\beta X}<1$ 时，退出会推迟到来，生存时间被延长。

所以，本文的计量回归模型如下：

$$\ln T = \alpha + \beta_{TE}\text{TE} + \beta_{NPL}\text{NPL} + \beta_{RC}\text{RC} + \delta_{CV}\text{CV} + \mu\sigma$$

此外，本文假设参数模型结果（即事件发生的时间）的分布有两种：一种是韦布尔（weibull）分布，一种是龚帕兹（gompertz）分布，分别对应结果中的（1）和（2）。

三、回归结果

1. 只考虑不良贷款比率。

表 7-10　不良贷款率对生存时间的影响

	（1）	（2）
	模型 1	模型 2
不良贷款比率	0.036***	0.036***
	（0.010）	（0.010）
营业收入	0.238	0.198
	（0.274）	（0.245）
总资产	0.638	0.429
	（1.291）	（1.268）
所有者权益	−0.666	−0.346
	（1.096）	（1.087）
所有权性质	−14.029***	−14.304***
	（1.093）	（1.025）
营业支出	−0.252	−0.197
	（0.263）	（0.220）
机构户数	−1.790	−1.512
	（1.862）	（1.746）

续表7-10

	（1）	（2）
	模型 1	模型 2
期末从业人员数	−0.079	−0.078
	（0.048）	（0.048）
_cons	−5.490***	−4.213***
	（1.510）	（1.375）
/ln_p	0.840***	
	（0.164）	
/gamma		0.107***
		（0.041）
Obs.	850	850

注：括号内为标准差，*** 表示 p<0.01，** 表示 p<0.05，* 表示 p<0.1。

只考虑不良贷款比率这一因素，发现不良贷款比率对小额贷款企业的生存时间的影响显著性较强，不良贷款比率越高，企业存活时间越长。

2. 只考虑经营效率。

表 7-11　经营效率对生存时间的影响

	（1）	（2）
	模型 1	模型 2
技术效率	4.094**	4.027***
	（1.719）	（1.556）
营业收入	0.219	0.179
	（0.403）	（0.373）
总资产	2.492*	2.219*
	（1.288）	（1.242）
所有者权益	−2.370	−2.014
	（1.189）	（1.140）
所有权性质	−17.654***	−13.966***
	（1.011）	（0.904）

续表7-11

	（1）	（2）
	模型 1	模型 2
营业支出	−0.165	−0.117
	（0.463）	（0.432）
机构户数	−3.108	−2.513
	（4.114）	（3.413）
期末从业人员数	−0.158	−0.153
	（0.059）	（0.058）
_cons	−3.366	−1.346
	（4.027）	（3.334）
/ln_p	1.018***	
	（0.209）	
/gamma		0.146***
		（0.051）
Obs.	850	850

注：括号内为标准差，*** 表示 $p<0.01$，** 表示 $p<0.05$，* 表示 $p<0.1$。

只考虑经营效率这一因素，发现经营效率对小额贷款企业的生存时间的影响显著性较强，经营效率越高，企业存活时间越长。同时也可以发现，相较于经营效率这一影响因素，小额贷款企业的不良率对企业存活时间影响更大。

表 7-12　地区竞争对生存时间的影响

	（1）	（2）
	模型 1	模型 2
地区竞争	−0.173*	−0.175*
	（0.104）	（0.106）
营业收入	−0.117	−0.152
	（0.169）	（0.159）

续表7-12

	（1）	（2）
	模型1	模型2
总资产	0.331	0.250
	（1.621）	（1.594）
所有者权益	−0.464	−0.247
	（1.541）	（1.535）
所有权性质	−13.577***	−15.857***
	（1.046）	（1.013）
营业支出	−0.010	0.035
	（0.322）	（0.300）
机构户数	−1.191	−1.047
	（1.420）	（1.310）
期末从业人员数	−0.097	−0.097
	（0.054）	（0.054）
_cons	−5.304***	−3.837***
	（1.264）	（1.126）
/ln_p	0.907***	
	（0.141）	
/gamma		0.121***
		（0.036）
Obs.	850	850

注：括号内为标准差，*** 表示 p<0.01，** 表示 p<0.05，* 表示 p<0.1。

3. 只考虑地区竞争。

只考虑地区竞争这一因素，发现地区竞争对小额贷款企业的生存时间的影响有一定显著性，地区竞争越激烈小额贷款企业存活时间越短。

4. 同时考虑不良贷款率、经营效率和地区竞争三个因素，回归结果见表 7-13。

表7-13　不良贷款率、经营效率和地区竞争对生存时间的影响

	（1）	（2）
	模型1	模型2
不良资产比率	0.025***	0.025***
	（0.009）	（0.009）
技术效率	3.781**	3.802**
	（1.547）	（1.480）
地区竞争	0.174	0.180
	（0.118）	（0.124）
营业收入	0.339	0.290
	（0.378）	（0.350）
总资产	1.946	1.826*
	（1.215）	（1.080）
所有者权益	−1.520	−1.312
	（1.145）	（1.032）
所有权性质	−16.988***	−14.777***
	（1.166）	（0.998）
营业支出	−0.305	−0.243
	（0.308）	（0.271）
机构户数	−4.697	−4.284
	（4.667）	（4.466）
期末从业人员数	−0.178	−0.176
	（0.078）	（0.076）
_cons	−5.413	−3.707
	（4.660）	（4.482）
/ln_p	0.916***	
	（0.247）	
/gamma		0.119**
		（0.059）
Obs.	850	850

注：括号内为标准差，*** 表示 $p<0.01$，** 表示 $p<0.05$，* 表示 $p<0.1$。

整体来看，黄三角地区小额贷款企业存活时间受不良贷款率和经营效率的影响较为显著，还受是否国有性质的影响。地区竞争对黄三角地区小额贷款企业存活时间影响较小。

第五节 本章结论及政策建议

一、本章主要研究结论

1. 如果从贷款余额（反映放贷能力）、利息收入（反映盈利能力）、不良贷款率（反映风险控制能力）三个方面来评价小额贷款企业的经营状况，小额贷款公司经营得最好的区域是东营市。东营市平均贷款余额和平均利息收入在黄三角地区小额贷款公司中都是最高的，并且平均不良贷款率在黄三角地区小额贷款公司中最低。其次是德州市。德州市虽然平均利息收入不高，但不良贷款率很低。再其次是潍坊市、滨州市和烟台的莱州市。这几个市平均利息收入相差不大，但不良贷款率都很高。小额贷款公司经营得最差的区域是淄博的高青县，在利息收入并不高的情况下，不良贷款率高达 5.05%。

2. 2012 至 2016 年，黄三角地区小额贷款公司的存活率要低于山东省小额贷款公司的整体存活率。这表明黄三角地区的小额贷款公司的生存风险更大，可能会使其比山东省其他地区的小额贷款公司更加容易偏离其政策目标。

3. 黄三角地区小额贷款公司的生存风险主要受不良贷款率、经营效率和企业性质（是否国企）的影响，地区竞争对其生存风险影响不大。值得注意的是，不良贷款率越高，黄三角地区小额贷款公司存活的时间越久。这可能与黄三角地区小额贷款公司的经营受是否为国企影响很大有关（2012 至 2016 年没有一家国有小额贷款公司破产）。由于国家的支持，有国资背景的小额贷款企业即便不良贷款率较高也能继续存活下去。

二、政策建议

1.适当推进黄三角地区小额贷款公司市场化运营，但不能完全放任自由发展。市场化运作可以让不良贷款率高、经营不善的小额贷款公司实现退出，解决不良贷款率越高反而存活时间越长这种尴尬局面。同时，由于小额贷款公司承担着一定的政策目标，如果完全放任自由发展，生存压力势必会造成目标偏离。

2.小额贷款公司要想更好地服务"三农"和小微企业，必须控制其自身生存面临的风险。所以，政府可以通过政府资产平台入股经营较好的当地小额贷款公司为其"站台"，减少其生存压力，从而使其更好地完成政策目标。